W. Neuwirth · Glas / Glass / Verre / Vetri 1950 – 1960 · I

Schutzumschlag: Vasen (Kat. Nr. 31, 29 und 27) / Dust jacket: Vases (cat. nos. 31, 29 and 27) / Jacquette: Vases (Cat. N°s 31, 29 et 27) / Sovracoperta: Vasi (cat. nn. 31, 29 e 27)

SERIE „GLAS 1950 – 1960“

Band I: „Italienisches Glas 1950 – 1960“
Band II: „Skandinavisches Glas 1950 – 1960“ in Vorbereitung

SERIES "GLASS 1950 – 1960"

Vol. I: "Italian Glass 1950 – 1960"
Vol. II: "Scandinavian Glass 1950 – 1960" in preparation

SERIE « VERRE 1950 – 1960 »

Vol. I: « Le verre italien 1950 – 1960 »
Vol. II: « Le verre scandinave 1950 – 1960 » en préparation

SERIE « VETRI 1950 – 1960 »

I volume: « Vetri italiani 1950 – 1960 »
II volume: « Vetri scandinavi 1950 – 1960 » in preparazione

Katalog zur Ausstellung „Glas 1950 – 1960“ im Salzburger Museum Carolino Augusteum (3. 7. – 6. 9. 1987), im Tiroler Landesmuseum Ferdinandeum, Innsbruck (April – Mai 1988) und im Linzer Stadtmuseum Nordico (Sommer 1988)

Catalogue of the exhibition "Glass 1950 – 1960" at the Carolino Augusteum Museum, Salzburg (3rd July – 6th September 1987), at the Ferdinandeum Provincial Museum of Tirol, Innsbruck (April – May 1988) and at the Nordico Municipal Museum of Linz (summer 1988)

Catalogue de l'exposition « Glas 1950 – 1960 » qui sera présentée par le Musée Carolino Augusteum, Salzbourg (du 3 juillet au 6 septembre 1987), par le Musée provincial du Tyrol « Ferdinandeum », Innsbruck (avril – mai 1988) et par le Musée municipal de Linz « Nordico » (été 1988)

Catalogo per la mostra « Glas 1950 – 1960 » al Museo Carolino Augusteum di Salisburgo (3/7/1987 – 6/9/1987), al Museo Regionale del Tirolo « Ferdinandeum », Innsbruck (aprile / maggio 1988) ed al Museo cittadino di Linz « Nordico » (estate 1988)

Fotonachweis / Photographic acknowledgements / Iconographie / Scelta iconografica

Farbphotos / Colour photographs / photographies en couleur / Fotografie in colore:
Dr. Waltraud Neuwirth

Entwurf von Schutzumschlag und Einband / Dust jacket and cover designed by / Maquette de la jaquette et de la couverture / Sovracoperta e copertina:
Oberrat Prof. akad. Restaurator Mag. Ludwig Neustifter, Wien

Waltraud Neuwirth

ITALIENISCHES GLAS 1950 – 1960

ITALIAN GLASS 1950 – 1960

LE VERRE ITALIEN 1950 – 1960

VETRI ITALIANI 1950 – 1960

Selbstverlag Dr. Waltraud Neuwirth · Wien

1987

ISBN 3-900282-28-5 Selbstverlag Dr. Waltraud Neuwirth, Wien

English translation: Andrew Smith, Vienna
Traduction française: Andrée Pázmándy, Vienne/Paris
Traduzione italiana: Dr. Hanne Lore Agius, Vienna

Farblithographien / Colour lithographs / Lithographies en couleur / Litografie in colore:
Dolezal Offsetreproduktionen, Wien
Druck / Printed by / Imprimé par / Stampato da:
Ueberreuter, Wien

INHALT

CONTENTS

TABLE DES MATIERES

CONTENUTO

VORWORT

Das Österreichische Museum für angewandte Kunst besitzt eine der bedeutendsten Glassammlungen der Welt. Die systematische wissenschaftliche Bearbeitung dieser Bestände war mir seit meinem Eintritt in das Museum im Jahre 1968 eine Verpflichtung, der ich immer mit großer Freude nachkam; durch einen Forschungsauftrag der Fritz Thyssen Stiftung wurde das Glas der Jahrhundertwende zum ersten Schwerpunkt, dem weitere Bestandsaufnahmen folgten. Bisher konnten folgende Ausstellungen realisiert werden: Das Glas des Jugendstils, Wien (1973), Orientalisierendes Gläser von J. & L. Lobmeyr, Wien (1981), Glas 1905 – 1925 (1985), Loetz Austria 1900 und Loetz Austria 1905 – 1918 (1986) sowie Glas 1950 – 1960 (1987). Nahezu alle Ausstellungen waren von Bestandskatalogen begleitet, manche davon wegen des umfangreichen Materials als Serien angelegt, von denen zumindest der erste Band bereits erschienen ist. Durch Wanderausstellungen waren die teilweise vorher nie präsentierten Bestände im In- und Ausland zu sehen und damit allen Interessenten zugänglich. Als Leiterin der Sammlung von Glas und Keramik am Österreichischen Museum für angewandte Kunst bin ich bestrebt, die Bearbeitung des Gesamtbestandes an Glas des 20. Jahrhunderts möglichst bald abzuschließen und mich dann auch den früheren Perioden der Glaskunst zuzuwenden.

Für die großzügige Unterstützung bei der Realisierung der genannten Projekte und der Gewährung von Druckkostenzuschüssen für zahlreiche meiner Publikationen danke ich dem Bundesministerium für Wissenschaft und Forschung.

An dieser Stelle ist es mir ein besonderes Anliegen, Herrn Prof. Ludwig Neustifter, in den letzten Jahren (bis Anfang 1986) Geschäftsführender Leiter des Österreichischen Museums für angewandte Kunst, dafür zu danken, daß er sich immer für den Ausbau der Sammlung einsetzte und meine Forschungstätigkeit stets in jeder erdenklichen Weise förderte.

An dieser Stelle möchte ich auch meinen Übersetzern, Dr. Hanne Lore Agius (Italienisch), Andrée Pázmándy (Französisch) und Andrew Smith (Englisch) für ihre ausgezeichnete Arbeit herzlich danken.

Wien, im April 1987 Waltraud Neuwirth

FOREWORD

The Austrian Museum of Applied Art has one of the most important glass collections in the world. Ever since I joined the museum in the year 1968, the systematic scientific classification of these items has been a duty that I have always performed with great joy. Research commissioned by the Fritz Thyssen Foundation made it possible for me to concentrate first on the glass of the turn of the century. This was followed by further inventories. The following exhibitions have already taken place to date: Art Nouveau Glass, Vienna (1973), Oriental Glass by J. & L. Lobmeyr, Vienna (1981), Glass 1905-1925 (1985), Loetz Austria 1900 and Loetz Austria 1905-1918 (1986) and Glass 1950-1960 (1987). Almost all these exhibitions were accompanied by catalogues, some of them being split into series due to the volume of material. Of these, the first volume at least has already been published. Touring exhibitions have made it possible for people in Austria and abroad to see many exhibits that had never before been on display, thus making them accessible to an interested public. As head of the collection of glass and ceramics at the Austrian Museum of Applied Art, I am striving to complete classification of all the museum's 20th century glass as soon as possible so that I can then concentrate on earlier periods of the glassmaker's art.

I should like to thank the Ministry of Science and Research for its generous support in the realisation of the projects mentioned here, and for giving me subsidies for the printing of many of my publications.

At this juncture I should particularly like to express my thanks to Professor Ludwig Neustifter, who was head of the Austrian Museum of Applied Art in recent years (till the beginning of 1986). It was he who always strove to expand the collection, and continually supported my research work in every conceivable manner.

My special thanks for their assistance in producing this catalogue are due to my translators, Dr. Hanne Lore Agius (Italian), Andrée Pázmándy (French) and Andrew Smith (English).

Vienna, April 1987 Waltraud Neuwirth

PREFACE

Le Musée autrichien d'Arts appliqués possède l'une des plus riches collections de verre du monde. Depuis mon entrée au Musée, en 1968, j'ai considéré l'inventaire systématique et scientifique de ces objets comme une tâche qui s'imposait et à laquelle je me suis consacrée avec énormément de plaisir; une mission de recherche qui m'avait été confiée par la donation Fritz Thyssen, a voulu que les collections de verre datant du tournant du siècle constituent le premier point fort de ce travail qui se poursuivit sur d'autres périodes. Il a été jusqu'ici possible de réaliser les expositions suivantes: Le verre du Jugendstil, Vienne (1973), Les verreries inspirées de l'Orient de J. & I. Lobmeyr, Vienne (1981), Le verre de 1905 à 1925 (1985), Loetz Austria 1900 et Loetz Austria 1905-1918 (1986), Le verre de 1950 à 1960 (1987). Presque toutes ces expositions étaient accompagnées de catalogues, certaines nécessitant, en raison de l'importance de l'inventaire, plusieurs tomes dont le premier au moins a déjà paru. Des expositions itinérantes ont permis de montrer et rendre accessibles à toutes les personnes intéressées, en Autriche et à l'étranger, des collections dont certaines n'avaient jamais été présentées. En ma qualité de conservatrice des collections de verrerie et de céramique du Musée autrichien d'Arts appliqués, je me suis donné pour tâche d'étudier l'inventaire complet du verre du XXème siècle, travail que j'espère avoir bientôt terminé pour me consacrer aux périodes antérieures de l'Art du verre.

Je tiens à remercier le ministère des sciences et de la recherche qui m'a aidée avec beaucoup de générosité à réaliser ces projets et a participé aux frais d'impression pour un certain nombre de mes publications.
Je voudrais aussi adresser ici mes remerciements au professeur Ludwig Neustifter, qui fut pendant plusieurs années (jusqu'en 1986) directeur-gérant du Musée autrichien d'Arts appliqués et s'employa toujours activement à compléter les collections, en apportant tout l'appui possible et imaginable à mon activité de recherche.
Je tiens enfin à remercier mes traducteurs, le Dr Hanne Lore Agius (italien), Andrée Pázmándy (français) et Andrew Smith (anglais) qui m'ont aidée à réaliser cet ouvrage.

Vienne, avril 1987 Waltraud Neuwirth

PREFAZIONE

Il Museo austriaco d'Arte Applicata possiede una delle collezioni di vetri più importante del mondo. Da quando nel 1968 sono arrivata nel museo il trattamento scientifico sistematico di questi effettivi è stato per me un impegno al quale mi sono dedicata con la massima gioia. Grazie all'incarico di ricerca della Fondazione «Fritz Thyssen» i vetri del periodo a cavallo del secolo sono diventati un punto chiave seguito da ulteriori inventari. Finora si sono potute organizzare le esposizioni seguenti: Il vetro dello Stile Liberty, Vienna (1973), Vetri orientali di J. & L. Lobmeyr, Vienna (1981), Vetro 1905-1925 (1985), Loetz Austria 1900 e Loetz Austria 1905-1918 (1986) oltre a Vetro 1950-1960 (1987). Quasi tutte queste esposizioni sono state accompagnate da cataloghi – inventari,
di cui alcuni – visto il vasto materiale – sotto forma di serie, delle quali è stato pubblicato almeno il primo volume. Grazie a delle mostre ambulanti gli effettivi, in parte ancora mai esposti, si sono potuti vedere all'interno come all'estero rendendoli accessibili alle persone interessate. Nella mia veste di direttrice della collezione di vetri e ceramiche del Museo Austriaco d'Arte Applicata cerco di terminare quanto prima l'analisi dell'effettivo complessivo di vetri del XX secolo per potermi dedicare in seguito ai periodi anteriori dell'arte del vetro.

Per la generosa assistenza per la realizzazione dei progetti di cui sopra e la concessione di contributi per le spese di stampatura per gran numero delle mie pubblicazioni ringrazio il Ministero Federale delle Scienze e delle Ricerche.
In questo luogo tengo particolarmente a ringraziare il Prof. Ludwig Neustifter, che negli ultimi anni (fino all'inizio del 1986) è stato direttore amministrativo del Museo Austriaco d'Arte Applicata, che si è sempre impegnato per l'ampliamento della collezione e che ha sempre promosso in qualsiasi maniera possibile ed immaginabile la mia attività di ricerche.
Tengo quindi di ringraziare in questo luogo i miei traduttori dott.ssa Hanne Lore Agius (italiano), Andrée Pázmándy (francese) ed Andrew Smith (inglese).

Vienna, Aprile 1987 Waltraud Neuwirth

EINLEITUNG

In der Glassammlung des Österreichischen Museums für angewandte Kunst ist das Glas der fünfziger Jahre mit Objekten aus Italien, Skandinavien, Deutschland und Österreich vertreten. Der vorliegende Katalog umfaßt alle Gläser italienischer Provenienz; sie sind vorwiegend als zeitgenössische Erwerbungen (Schenkungen und Ankäufe) anläßlich von Ausstellungen in das Museum gelangt und wurden durch einige wenige Neuerwerbungen ergänzt.

Der Katalog ist in drei große Abschnitte geteilt: der erste Bereich umfaßt Gläser der zwanziger Jahre, von denen manche heute noch in Produktion sind, der zweite Abschnitt ist der eigentliche Katalogteil; ihm folgt eine umfangreiche Dokumentation zeitgenössischer Abbildungen.

Als Geschenk der Firma Venini kamen im Jahre 1927 zehn Gläser ins Museum (Abb. 1, 6-8, 10, 11, 14, 17, 20-22); sie wurden allerdings erst 1931 nachträglich inventarisiert; als Entwerfer ist generell Napoleone Martinuzzi angegeben, doch ist nicht auszuschließen, daß sich darunter ältere Entwürfe der Vorgängerfirma Cappellin-Venini befinden. Eine zweite Gruppe von Gläsern, im Inventar als „Venedig, um 1920" bezeichnet, wurde 1940 nachträglich inventarisiert (Abb. 9, 12, 13, 15, 16, 23-26, 29, ein Luster ist nicht abgebildet); die Erwerbsumstände sind unbekannt, der einzige Hinweis auf ihre Provenienz ist das Firmenetikett von Venini auf einer Flasche (Abb. 16); dies deutet auf eine Entstehung nach 1925, da Venini und Cappellin sich 1925 trennten und es erst ab diesem Jahr die Firma Venini & C. gab.

Einer Widmung von Frau Maria Günter verdanken wir zwei Gläser, die die Wiener Firma Bimini entwarf und bei Venini ausführen ließ (Abb. 27, 28).

Der Sammlungsbestand an Gläsern der fünfziger Jahre (vor allem Erzeugnisse der Muraneser Firmen Venini, Seguso & Co., Archimede Seguso, Barovier & Toso) beruht vorwiegend auf zeitgenössischen Erwerbungen (im Museumsarchiv erhaltene Dokumente – Abb. 2-5 – beziehen sich auf Schenkungen und Ankäufe) mit einigen Ergänzungen der letzten Jahre (Kat. Nr. 1-4, 9, 14-18, 34, 38, 44, 47, 49-53).

Als Bindeglied zwischen den Venini-Gläsern der 20er Jahre und jenen der 50er Jahre ist ein kleiner Aufsatz mit geätzter Oberfläche („vetro corroso") anzusehen, erstmals auf der Triennale Mailand 1933 ausgestellt und wohl auch später noch erzeugt (Kat. Nr. 1); die weiteren Venini-Gläser der Sammlung umfassen eine grün-blau gestreifte Flasche, eine besonders schöne Vase in „vetro pezzato" (patchwork glass) (Kat. Nr. 6), eine zart irisierende Schale mit malerischem Dekor (Kat. Nr. 7), Mosaikglas („vetro murrino") (Kat. Nr. 10), Streifen-, Faden- und Netzdekore („vetro latticino", „filigrano", „zanfirico") (Kat. Nr. 8, 11-16, 18, 19), ein „Taschentuch" („Fazzoletto") aus Überfangglas (Kat. Nr. 17). Eine eigene Gruppe bilden die „vetri incisi" (Kat. Nr. 20-26), ein- oder mehrfarbige Gläser mit geschnittener Oberfläche von matt-rauher Struktur.

Von klarer Schönheit sind die Gläser Flavio Polis für Seguso: die muschelförmige „Valva" (Kat. Nr. 27), eine monumentale Schale (Kat. Nr. 28) und andere Überfanggläser (Kat. Nr. 29, 31, 32, 34, 35, 38), der blaue „Mondfisch" (Kat. Nr. 33) mit zartrosa Randzonen, die dunkle Vase von blau-schwarzer Farbigkeit und streng geschlossener Silhouette (Kat. Nr. 37) und zwei groteske Zwerge aus grünem Glas mit geätzter, leicht irisierender Oberfläche (Kat. Nr. 39, 40).

Mit drei sehr unterschiedlichen Gläsern ist Archimede Seguso vertreten: einer Schale mit weißen Federn („con piume bianche", Kat. Nr. 41), einer Schale mit spiralig geführten amethystfarbenen und weißen Streifen („centro fasce ametista bianco", Kat. Nr. 42) und eine Vase mit unregelmäßigem Fadendekor („Vaso nastro ametista fili bianchi", Kat. Nr. 43).

Barovier & Toso sind vor allem durch Exponate mit rechtwinklig aufeinandertreffenden Flächen vertreten („vetro parabolico", Kat. Nr. 46); ihre Struktur erhält eine Schale durch eingeschlossene Luftblasen unterschiedlicher Größe (Kat. Nr. 48), ein kleines geripptes Schälchen mit Goldeinschlüssen (Kat. Nr. 49) leitet zu einem Glas (Kat. Nr. 50) über, das in seiner fröhlichen Buntheit jener Farbigkeit ähnelt, die die Entwürfe von Dino Martens für Aureliano Toso auszeichnet. Massives Glas mit kreisförmigen Durchbrüchen charakterisiert zwei in ihrer Provenienz noch nicht gänzlich gesicherten Gläser (Kat. Nr. 51, 52), während der Glas-Metallvogel mit Millefiori-Augen (Kat. Nr. 53) wohl Vistosi zugeschrieben werden kann.

Dieser Bestand an italienischem Glas der fünfziger Jahre, der einen Anspruch auf Vollständigkeit weder erheben kann noch will, erhält seine besondere Bedeutung aus der Tatsache der zeitgenössischen Erwerbung und der damit gesicherten Provenienz und Datierung – angesichts mancher fehlender Archive (bekanntlich wurde das Venini-Firmenarchiv durch Feuer vernichtet) ein unschätzbarer Vorzug.

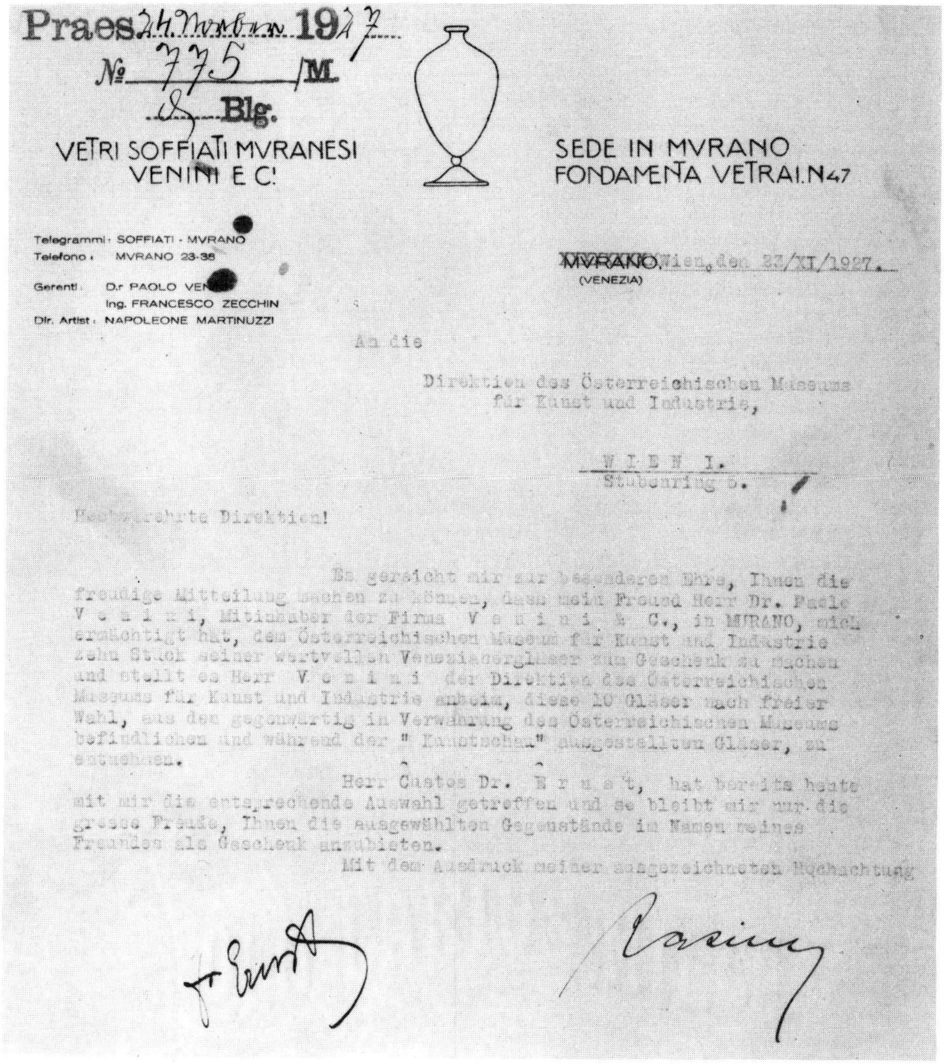
Praes. 24. November 1927
№ 775 /M.
8 Blg.

VETRI SOFFIATI MVRANESI
VENINI E C.

SEDE IN MVRANO
FONDAMENTA VETRAI. N. 47

Telegrammi: SOFFIATI - MVRANO
Telefono: MVRANO 23-38

Gerenti: Dr. PAOLO VENINI
Ing. FRANCESCO ZECCHIN
Dir. Artist.: NAPOLEONE MARTINUZZI

MVRANO, Wien, den 23/XI/1927.
(VENEZIA)

An die

Direktion des Österreichischen Museums
für Kunst und Industrie,

W I E N I.
Stubenring 5.

Hochverehrte Direktion!

Es gereicht mir zur besonderen Ehre, Ihnen die freudige Mitteilung machen zu können, dass mein Freund Herr Dr. Paolo V e n i n i, Mitinhaber der Firma V e n i n i & C., in MURANO, mich ermächtigt hat, dem Österreichischen Museum für Kunst und Industrie zehn Stück seiner wertvollen Venezianergläser zum Geschenk zu machen und stellt es Herr V e n i n i der Direktion des Österreichischen Museums für Kunst und Industrie anheim, diese 10 Gläser nach freier Wahl, aus den gegenwärtig in Verwahrung des Österreichischen Museums befindlichen und während der " Kunstschau" ausgestellten Gläser, zu entnehmen.

Herr Custos Dr. E r n s t, hat bereits heute mit mir die entsprechende Auswahl getroffen und es bleibt mir nur die grosse Freude, Ihnen die ausgewählten Gegenstände im Namen meines Freundes als Geschenk anzubieten.

Mit dem Ausdruck meiner ausgezeichneten Hochachtung

1 Brief der Firma Venini / Murano, an das Österreichische Museum für angewandte Kunst (Schenkung 23. 11. 1927). – Letter from the Venini company, Murano, to the Austrian Museum of Applied Art (donation 23/11/27). – Lettre de la société Venini / Murano, au Musée autrichien d'Arts appliqués (donation du 23/11/1927). – Lettera della Ditta Venini / Murano al Museo Austriaco d'Arte Applicata (dono 23/11/1927). – ÖMAK, Archiv Zl. 775-27

INTRODUCTION

The glass of the fifties is represented in the glass collection of the Austrian Museum of Applied Art by items from Italy, Scandinavia, Germany and Austria. The present catalogue covers all glassware of Italian origin. The items are mainly contemporary acquisitions (donations and purchases) that found their way into the museum on the occasion of various exhibitions. These are supplemented by a few more recent acquisitions.

The catalogue is divided into three main sections. The first section deals with the glass of the twenties, some of which is still in production today, while the second is the actual catalogue section. This is followed by extensive documentation of contemporary illustrations.

Ten pieces of glass came to the museum in the year 1927 as a donation from the Venini company (Figs. 1, 6-8, 10, 11, 14, 17-22), though they were inventoried only in 1931. Most of this glass was designed by Napoleone Martinuzzi, though there is a possibility that there are also some older designs from the previous firm of Cappellin-Venini. A second group of glassware, described in the inventory as "Venice, about 1920", was subsequently inventoried in 1940 (Figs. 9, 12, 13, 15, 16, 23-26, one chandelier is not illustrated). The circumstances under which these pieces were acquired are not known, and the only indication of their origin is a label of the Venini company on a bottle (Fig. 16). This would point to their having been made after 1925, as Venini and Cappellin split up in 1925 and the firm of Venini & C. existed only after this date. Two pieces of glass designed by the Viennese firm of Bimini and produced by Venini (Figs. 27, 28) are donations from Maria Günter.

The inventory of glassware of the fifties (principally products of the Murano firms of Venini, Seguso & C., Archimede Seguso, Barovier & Toso) goes back mainly to contemporary acquisitions (documents preserved in the museum – Figs. 2-5 – refer to donations and purchases) with several additions in recent years (cat. nos. 1-4, 9, 14-18, 34, 38, 44, 47, 49-53).

A small centrepiece with an etched surface ("vetri corrosi") forms a link between the Venini glass of the twenties and that of the fifties. First exhibited at the Milan Triennale in 1933, this piece was certainly also produced later (cat. no. 1). Other Venini glassware in the collection includes a green-blue streaked bottle, a particularly attractive vase in "vetro pezzato" (patchwork glass) (cat. no. 6), a delicate iridescent bowl with picturesque decoration (cat. no. 7), mosaic glass ("vetro murrino") (cat. no. 10), strip, thread and net ornamentation ("vetro latticino", "filigrano", "zanfirico") (cat. nos. 8, 11-16, 18, 19), and a "handkerchief" ("fazzoletto") of cased glass (cat. no. 17). A separate group is formed by the "vetri incisi" (cat. nos. 20-26), single or multicoloured glass with a cut surface of rough mat structure.

The glass by Flavio Poli for Seguso exhibits a clear beauty: the shell-shaped "valva" (cat. no. 27), a monumental bowl (cat. no. 28) and other cased glass (cat. nos. 29, 31, 32, 34, 35, 38), the blue "sunfish" (cat. no. 33) with pale pink edges, the dark vase blue-black in colour with an austere silhouette (cat. no. 37) and two grotesque dwarves of green glass with an etched, slightly iridescent surface (cat. nos. 39, 40).

Archimede Seguso is represented by three very different pieces of glass: a bowl with white feathers ("con piume bianche", cat. no. 41), a bowl with spiral amethyst and white stripes ("centro fasce ametista bianco", cat. no. 42), and a vase with irregular thread ornamentation ("vaso nastro ametista fili bianchi", cat. no. 43). Barovier & Toso are represented chiefly by exhibits with planes intersecting at right angles to one another ("vetro parabolico", cat. no. 46). One bowl receives its structure from trapped air bubbles of various sizes (cat. no. 48), and a small ribbed bowl with gold inlays (cat. no. 49) leads over to a glass (cat. no. 50) which with its cheerful colourfulness is similar to the vivid colours which distinguish the designs of Dino Martens for Aureliano Toso. Two further pieces of glass whose origin is not yet quite certain are characterised by massive glass with circular perforations (cat. nos. 51, 52), while the glass-metal bird with millefiori eyes (cat. no. 53) can probably be attributed to Vistosi.

Though this collection of Italian glass of the fifties cannot claim to be complete, it is significant due to the fact that the pieces were acquired at the time, thus ensuring their origin and dating. This is an inestimable advantage in view of the many missing archives (the archives of the Venini company, for example, which were destroyed by fire).

100-57

VENINI

Società per azioni - Capitale L. 9.000.000 - Sede: Murano (Venezia) - Fondamenta Vetrai 50 - ☎ 70093 - Venini - Murano

MURANO (Venezia) 15 June 1957

Doctor W. MRAZEK
Österreichisches Museum Für
Angewande Kunst
Wien I, Stubenring 5

Dear Doctor,

I am very thankfull for you long letter of th 8th June and for your congratulation for the Exibition and for the placard For the Exibition I have to give you my warmest thanks for your cooperation.

The Museum can keep the group of glasses that wants, send from Linz, after the Exibition there. It will be enough that the Museum write us a letter enumerating the glasses that I have given as gift including those that you wish to buy and that you will kindly settle the account with Mr. Kalmar.

I shall write now to Mr. Kalmar for that purpouse and also to the forwarding agent, and I personally wish that you shoul take as a present of mine, one of the glasses that you like the best.

I have reported the Linz's Museum for all that written here.

I thank you for the press articles that you have sende to me.

I ask you, kindly, to remember me to the Director of the Museum, and with the hope to see you once in Venice I remain Dear Doctor,

Yours truly

Venini

C.C.I.A. Venezia 22722 Filiali: Venezia, Piazzetta Leoncini 314 . Roma, Via Condotti 59 . Milano, Via Monte Napoleone 9

2 Brief von Paolo Venini / Murano, an das Österreichische Museum für angewandte Kunst (Schenkung 15. 6. 1957). – Letter from Flavio Poli, Murano, to the Austrian Museum of Applied Art (donation 15/6/57). – Lettre de Paolo Venini / Murano, au Musée autrichien d'Arts appliqués (donation du 15/6/1957). – Lettera di Paolo Venini, Murano, al Museo Austriaco d'Arte Applicata (dono 15/6/1957). – ÖMAK, Archiv Zl. 100-57

INTRODUCTION

La verrerie des années 50 est représentée dans la collection du Musée autrichien d'Arts appliqués par des objets originaires d'Italie, des pays scandinaves, d'Allemagne et d'Autriche. Le présent catalogue renferme tous les objets de provenance italienne, qui sont pour la plupart entrés dans les collections du musée (à la suite de dons ou d'achats) à l'époque de leur création, quelques uns seulement ayant été acquis plus tardivement. Le catalogue se subdivise en trois sections: la première est consacrée aux verreries des années 20 dont certaines sont encore produites aujourd'hui; la seconde constitue le catalogue proprement dit; la dernière réunit une vaste documentation à partir d'illustrations d'époque.

En 1927, la société Venini fit don au Musée de dix objets (Fig. 1, 6-8, 10, 11, 14, 17, 20-22)) qui ne furent toutefois inventoriés qu'en 1931; Napoleone Martinuzzi est indiqué d'une façon générale comme auteur des projets, toutefois il n'est pas exclu qu'il s'en trouve parmi eux de plus anciens remontant au prédécesseur de la société, Cappellin-Venini. Un second groupe d'objets, portés à l'inventaire sous la désignation de «Venise, vers 1920» ont été inventoriés tardivement, en 1940 (Fig. 9, 12, 13, 15, 16, 23-26, 29, un lustre n'est pas représenté); on ne connaît pas les conditions d'acquisiton, la seule indication de provenance est l'étiquette de Venini sur une carafe (Fig. 16); on peut donc en conclure que ces œuvres sont postérieures à 1925, année de la séparation de Venini et Cappellin et de la fondation de la société Venini & C. Deux pièces (Fig. 27, 28) exécutées par Venini selon les projets de la société viennoise Bimini ont été offertes au musée par Mme Maria Günter.

La collection de verrerie des années 50 (notamment les produits des manufactures de Murano: Venini, Seguso & C., Archimede Seguso, Barovier & Toso) a été réunie pour l'essentiel grâce aux acquisitions effectuées à l'époque (les documents conservés dans les archives du Musée – Fig. 2-5 – concernent des dons et des achats) que quelques objets (Cat. N°s 1-4, 9, 14-18, 34, 38, 44, 47, 49-53) sont venus compléter ces dernières années.

On peut considérer comme trait d'union entre les verreries de Venini des années 20 et celles des années 50, un petit surtout à surface attaquée à l'acide («vetro corroso») qui fut exposé pour la première fois à la Triennale de Milan en 1933 et fut certainement encore fabriqué par la suite (Cat. N° 1); les autres verreries de Venini de cette collection comprennent un flacon à rayures vertes et bleues, un très beau vase en «vetro pezzato» (Cat. N° 6), une coupe délicatement irisée avec motif décoratif (Cat. N° 7), une coupe en verre mosaïque («vetro murrino») (Cat. N° 10), des décors à rayures, filigranes et filets («vetro latticino», «filigrano», «zanfirico») (Cat. N°s 8, 11-16, 18, 19), un «mouchoir» («fazzoletto») en verre à plusieurs couches (Cat. N° 17). Les «vetri incisi», objets mono ou polycolores à surface mate-dépolie gravée, forment un groupe à part (Cat. N°s 20-26). Les œuvres dessinées par Flavio Poli pour Seguso sont d'une remarquable pureté: la «Valva» dont la forme s'inspire d'un coquillage (Cat. N° 27), une monumentale coupe (Cat. N° 28) et d'autres pièces en verre à plusieurs couches (Cat. N°s 29, 31, 32, 34, 35, 38), le «poissonlune» bleu virant au rose pâle sur les bords (Cat. N° 33), le vase d'un bleu-noir profond, aux lignes strictes, refermées sur elles-mêmes (Cat. N° 37) et deux nains grotesques en verre vert à surface légèrement irisée, travaillée à l'acide (Cat. N°s 39, 40).

Archimede Seguso est présent avec trois objets très différents les uns des autres: une coupe à plumes blanches («con piume bianche», Cat. N° 41), une coupe à rayures en spirale, améthyste et blanches («centro fasce ametista bianco», Cat. N° 42) et un vase à décor de fils irrégulier («Vaso nastro ametista fili bianchi», Cat. N° 43).

Barovier & Toso est principalement représenté par des objets à surfaces rectangulaires enchevêtrées («vetro parabolico», Cat. N° 46); des bulles d'air de différentes tailles font l'originalité d'une coupe (Cat. N° 48), une petite coupe à côtes et paillettes d'or (Cat. N° 49) annonce cette autre coupe (Cat. N° 50) dont l'assemblage de couleurs gaies rappelle celles des objets dessinés par Dino Martens pour Aureliano Toso. Le verre massif percé d'ouvertures rondes caractérise deux objets dont on ne peut encore affirmer la provenance avec une certitude absolue (Cat. N°s 51, 52, tandis que l'oiseau en verre et métal aux yeux «millefiori» (Cat. N° 53) peut sans doute être attribué à Vistosi.

Cette collection de verrerie italienne des années 50, qui ne saurait prétendre à être exhaustive, doit en particulier sa valeur au fait que ces objets aient été acquis à l'époque de leur création; on est donc sûr de leur provenance et ils peuvent être datés sans erreur, un avantage inestimable étant donné l'absence d'archives (on sait que les archives de Venini ont été détruites par le feu).

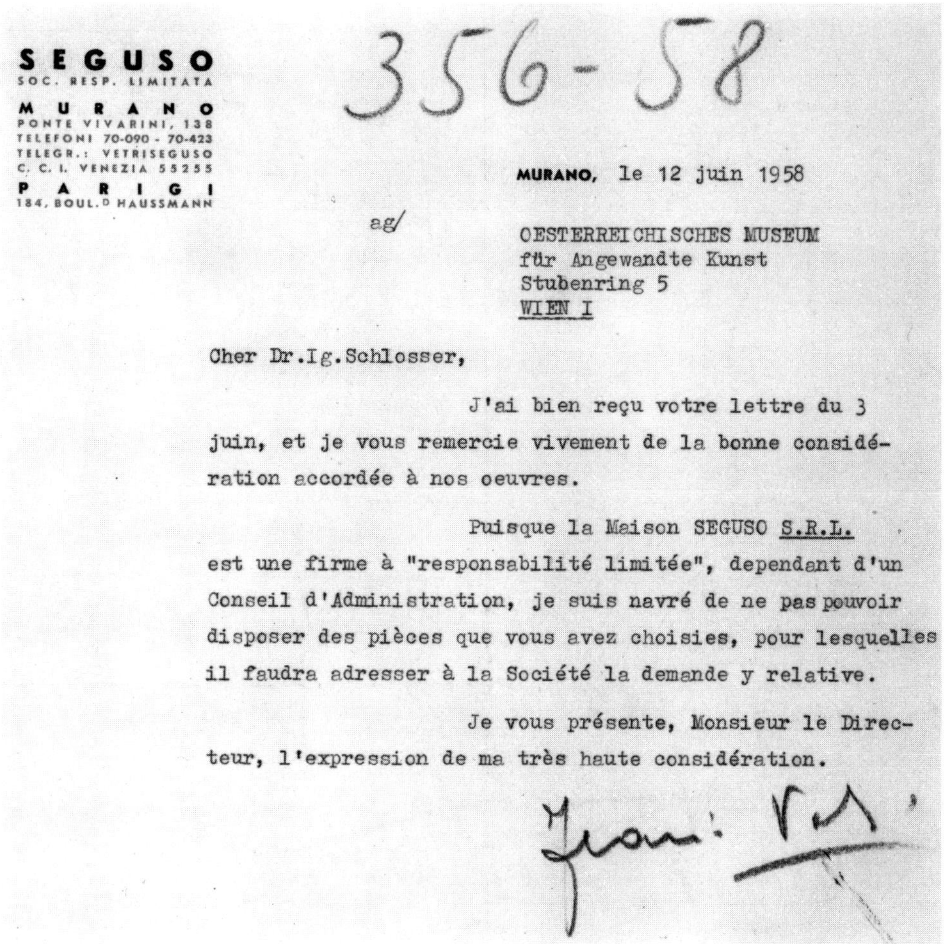

SEGUSO
SOC. RESP. LIMITATA
MURANO
PONTE VIVARINI, 138
TELEFONI 70-090 - 70-423
TELEGR.: VETRISEGUSO
C. C. I. VENEZIA 55255
PARIGI
184, BOUL.D HAUSSMANN

356-58

MURANO, le 12 juin 1958

ag/

OESTERREICHISCHES MUSEUM
für Angewandte Kunst
Stubenring 5
WIEN I

Cher Dr.Ig.Schlosser,

J'ai bien reçu votre lettre du 3 juin, et je vous remercie vivement de la bonne considération accordée à nos oeuvres.

Puisque la Maison SEGUSO S.R.L. est une firme à "responsabilité limitée", dependant d'un Conseil d'Administration, je suis navré de ne pas pouvoir disposer des pièces que vous avez choisies, pour lesquelles il faudra adresser à la Société la demande y relative.

Je vous présente, Monsieur le Directeur, l'expression de ma très haute considération.

3 Brief von Flavio Poli (Seguso / Murano), an das Österreichische Museum für angewandte Kunst. – Letter from Flavio Poli (Seguso / Murano) to the Austrian Museum of Applied Art. – Lettre de Flavio Poli (Seguso / Murano), au Musée autrichien d'Arts appliqués. – Lettera di Flavio Poli (Seguso / Murano) al Museo Austriaco d'Arte Applicata. – ÖMAK, Archiv Zl. 356-58

INTRODUZIONE

Nella collezione di vetri del Museo Austriaco d'Arte Applicata il vetro degli anni 50 si trova rappresentato con oggetti dall'Italia, dalla Scandinavia, dalla Germania e dall'Austria. Il presente catalogo comprende vetri di provenienza italiana. Essi sono arrivati al Museo in maggior parte grazie a degli acquisti d'epoca (doni e acquisti) in occasione di esposizioni e sono stati completati da nuovi acquisti.
Il catalogo è suddiviso in tre parte importanti: il primo ambito comprende vetri degli anni 20 dei quali alcuni vengono prodotti ancora oggi; la seconda parte rappresenta il catalogo vero e proprio che è seguito da una vasta documentazione di illustrazioni d'epoca.
Quale dono della ditta Venini il Museo ha avuto nel 1927 10 vetri (figg. 1, 6/8, 10, 11, 14, 17, 20/22); essi però sono stati inventariati solo più tardi cioè nel 1931; come disegnatore si indica in generale Napoleone Martinuzzi sebbene non si possa escludere che fra questi si trovino anche disegni anteriori della ditta precedente la «Cappelin-Venini».
Un secondo gruppo di vetri, che nell'inventario viene indicato «Venezia intorno al 1920» è stato inventariato in un secondo tempo cioè nel 1940 (figg. 9, 12, 13, 15, 16, 23/26, 29 più un lustro non illustrato); il modo delle loro acquisizione non è noto; l'unica indicazione in merito alla loro provenienza è data dall'etichetta della Ditta Venini su una bottiglia (fig. 16); ciò può indicare che siano stati creati dopo il 1925 visto che Venini e Cappelin si sono separati dopo il 1925 e che solo a decorrere da tale data esiste la Venini & C.
Alla donazione della signora Maria Günter dobbiamo due vetri il cui disegno è stato fatto dalla Ditta Bimini mentre furono eseguiti dalla Venini.
L'effettivo della collezione di vetri degli anni 50 (in prevalenza prodotti dalle ditte di Murano: Venini, Seguso & C., Archimede Seguso, Barovier & Toso) proviene soprattutto da acquisizioni contemporanee (la documentazione relativa conservata al Museo – Figg. 2/5 – concerne doni ed acquisti) completati in parte in questi ultimi anni (cat. nn. 1/4, 9, 14/18, 34, 38, 44, 47, 49/53).
Quale anello di congiunzione fra i vetri della Venini degli anni 20 e quelli degli anni 50 si può considerare una piccola alzata di vetro corroso che fu esposta la prima volta alla Trienale di Milano 1933 e fu probabilmente prodotta anche in seguito (cat. n. 1); gli altri vetri di Venini della collezione comprendono una bottiglia a strisce verdi/grige, un vaso particolarmente bello di vetro pezzato (cat. n. 6), una delicata ciotola iridescente a decorazione pittoresca (cat. n. 7); vetro murrino (cat. n. 10); vetro decorato: vetro latticino, filigrano e zanfirico (cat. nn. 8, 11/16, 18, 19); un fazzoletto di vetro placcato (cat. n. 17). Un gruppo separato viene formato dai vetri incisi (cat. nn. 20/26); vetri monocolore o variopinti a superficie tagliata a opacità ruvida.
Di una bellezza chiara sono i vetri di Flavio Poli fatti per la Seguso: la «valva» a forma di conchiglia (cat. n. 27), una ciotola monumentale (cat. n. 28) ed altri vetri placcati (cat. nn. 29, 31, 32, 34, 35, 38); il «pesce luna» blu (cat. n. 33) a zone marginali di rosa delicato; il vaso scuro di colore blu/nero e di forma severa chiusa (cat. n. 37) e due nani grotteschi di vetro verde a superficie corrosa leggermente iridescente (cat. nn. 39, 40).
Archimede Seguso è rappresentato con tre oggetti di vetro assai disuguali: una ciotola con piume bianche (cat. n. 41), una ciotola a fasce a spirale ametista e bianche (cat. n. 42) ed un vaso a decorazione irregolare di nastri di fili bianchi (cat. n. 43).
Barovier & Toso sono rappresentati soppratutto con oggetti di vetro parabolico (cat. n. 46); la struttura di una ciotola è ottenuta grazie a delle inclusioni di bolle d'aria di diverse misure (cat. n. 48); una ciotolina scannellata ad inclusioni d'oro (cat. n. 49) conduce a un vetro (cat. n. 50) che nel suo gaio aspetto variopinto assomiglia alla colorazione che è particolare ai disegni di Dino Martens per Aureliano Toso. Vetro massiccio a trafori circolari caratterizzano due vetri la cui provenienza non è ancora totalmente accertata (cat. nn. 51, 52) mentre l'uccello di vetro e metallo con gli occhi-millefiori (cat. n. 53) potrebbe essere attribuito a Vistosi.
Questo effettivo di vetri italiani degli anni 50, che non può ne vuole pretendere di essere completo, ritrae la sua importanza particolare dal fatto dell'acquisizione contemporanea che permette di assicurare la provenienza, un ventaggio inestimabile, visto che alcuni archivi mancano (come si sa l'archivio della ditta Venini è stato diistrutto da un incendio).

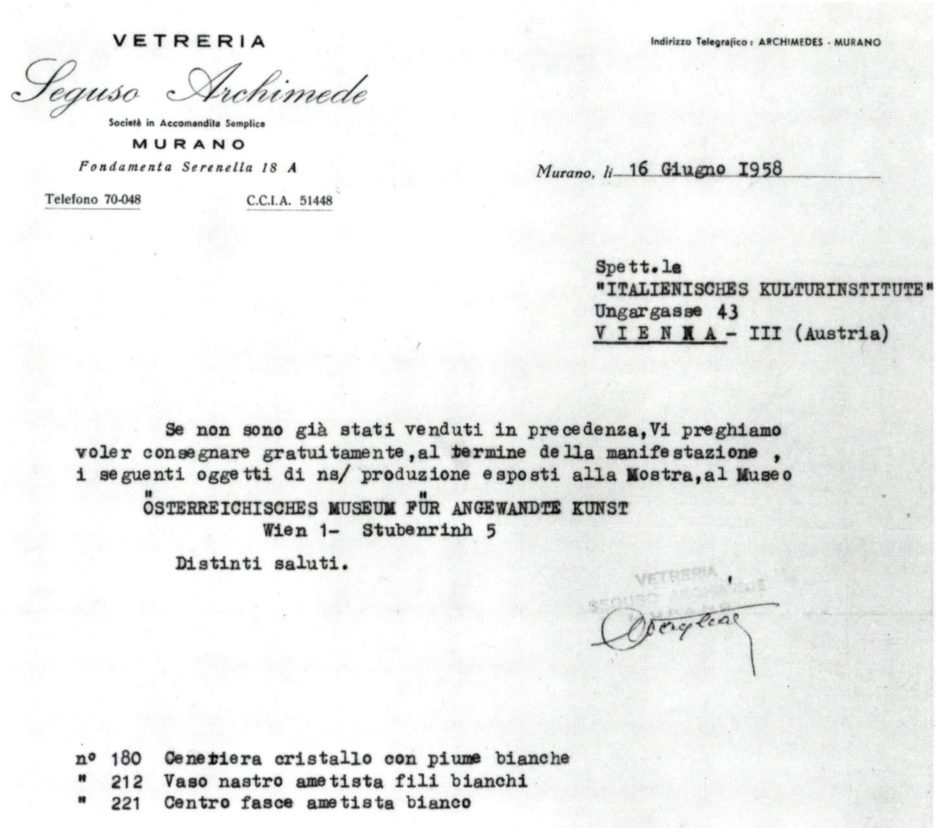
VETRERIA

Seguso Archimede

Società in Accomandita Semplice

MURANO

Fondamenta Serenella 18 A

Telefono 70-048 C.C.I.A. 51448

Indirizzo Telegrafico: ARCHIMEDES - MURANO

Murano, lì 16 Giugno 1958

Spett.le
"ITALIENISCHES KULTURINSTITUTE"
Ungargasse 43
VIENNA - III (Austria)

Se non sono già stati venduti in precedenza, Vi preghiamo voler consegnare gratuitamente, al termine della manifestazione, i seguenti oggetti di ns/ produzione esposti alla Mostra, al Museo

ÖSTERREICHISCHES MUSEUM FÜR ANGEWANDTE KUNST
Wien 1- Stubenrinh 5

Distinti saluti.

VETRERIA SEGUSO ARCHIMEDE MURANO

nº 180 Cenetiera cristallo con piume bianche
" 212 Vaso nastro ametista fili bianchi
" 221 Centro fasce ametista bianco

4 Brief der Firma Archimede Seguso / Murano, an das Österreichische Museum für angewandte Kunst (Schenkung 16. 6. 1958). – Letter from the firm of Archimede Seguso / Murano, to the Austrian Museum of Applied Art (donation 16/6/58). – Lettre de la société Archimede Seguso / Murano, au Musée autrichien d'Arts appliqués (donation du 16/6/1958). – Lettera della Ditta Archimede Seguso / Murano, al Museo Austriaco d'Arte Applicata (dono 16/6/1958). – ÖMAK, Archiv Zl. 356-58

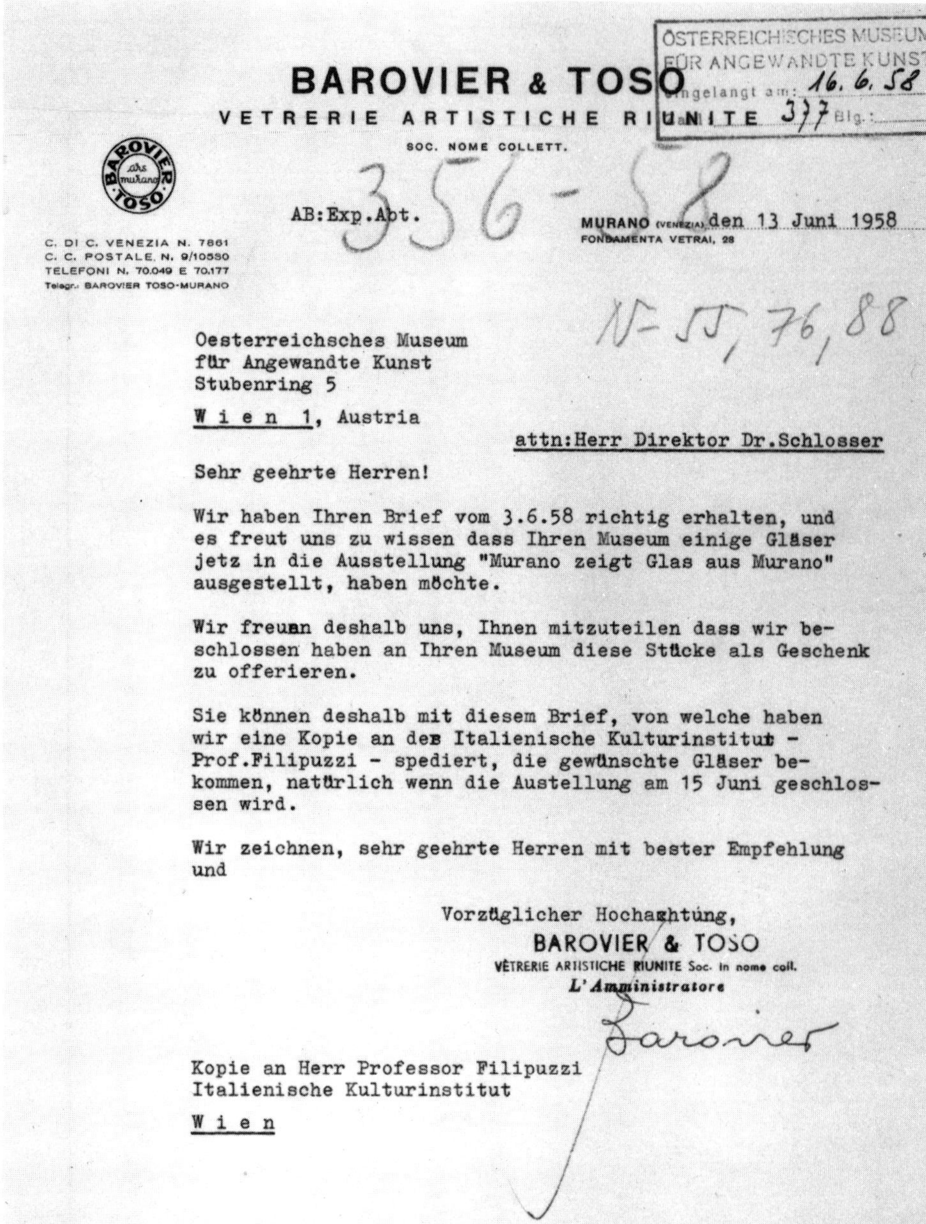

ÖSTERREICHISCHES MUSEUM FÜR ANGEWANDTE KUNST
eingelangt am: 16. 6. 58
Zahl: 377 Blg.:

BAROVIER & TOSO
VETRERIE ARTISTICHE RIUNITE
SOC. NOME COLLETT.

356-58

C. DI C. VENEZIA N. 7861
C. C. POSTALE. N. 9/10550
TELEFONI N. 70.049 E 70.177
Telegr.: BAROVIER TOSO-MURANO

AB:Exp.Abt.

MURANO (VENEZIA), den 13 Juni 1958
FONDAMENTA VETRAI, 28

N-55, 76, 88

Oesterreichsches Museum
für Angewandte Kunst
Stubenring 5

W i e n 1, Austria

attn:Herr Direktor Dr.Schlosser

Sehr geehrte Herren!

Wir haben Ihren Brief vom 3.6.58 richtig erhalten, und es freut uns zu wissen dass Ihren Museum einige Gläser jetz in die Ausstellung "Murano zeigt Glas aus Murano" ausgestellt, haben möchte.

Wir freuan deshalb uns, Ihnen mitzuteilen dass wir beschlossen haben an Ihren Museum diese Stücke als Geschenk zu offerieren.

Sie können deshalb mit diesem Brief, von welche haben wir eine Kopie an des Italienische Kulturinstitut - Prof.Filipuzzi - spediert, die gewünschte Gläser bekommen, natürlich wenn die Austellung am 15 Juni geschlossen wird.

Wir zeichnen, sehr geehrte Herren mit bester Empfehlung und

Vorzüglicher Hochachtúng,
BAROVIER & TOSO
VETRERIE ARTISTICHE RIUNITE Soc. in nome coll.
L'Amministratore
Barovier

Kopie an Herr Professor Filipuzzi
Italienische Kulturinstitut
W i e n

5 Brief von Barovier (Firma Barovier & Toso), Murano, an das Österreichische Museum für angewandte Kunst (Schenkung 13. 6. 1958). – Letter from Barovier (firm of Barovier & Toso), Murano, to the Austrian Museum of Applied Art (donation 13/6/58). – Lettre de Barovier (société Barovier & Toso), Murano, au Musée autrichien d'Arts appliqués (donation du 13/6/1958). – Lettera di Barovier (Ditta Barovier & Toso), Murano, al Museo Austriaco d'Arte Applicata (dono 13/6/1958). – ÖMAK, Archiv Zl. 356-58

ZEITTAFEL

Als Grundlage für die folgende Übersicht dienten die in der Bibliographie (S. 48) sowie in der Dokumentation (S. 147 ff.) angegebenen Quellen.

1895
Erste Biennale von Venedig (mit künstlerischem Glas aus Murano).

1900
Pariser Weltausstellung; das Muraneser Glas zählt zur konservativen Richtung. – Tod von Antonio Salviati (geb. 1816), Geburt von Flavio Poli.

1921
Paolo Venini (1895-1959) und Giacomo Cappellin (geb. 1887) gründen die „Vetri Soffiati Muranesi Cappellin-Venini & C.", mit Andrea Rioda als technischem und Vittorio Zecchin (1878-1947) als künstlerischem Direktor; Kopien von Gläsern alter Gemälde (Modelle „Veronese" und „Holbein").

1923
Biennale Monza. – Vasen des Malers Guido Cadorin. – Gründung der SALIR (Mitarbeiter: Guido Balsamo Stella).

1924
14. Internationale Kunstausstellung, Venedig: Teilnahme von Giacomo Cappellin – Paolo Venini (Ausführung der Gläser durch Nane Seguso, Diego Barovier, Nino Pavanello und Attilio Moratto). – Ermanno Toso wird Mitarbeiter von Fratelli Toso.

1925
Pariser Ausstellung: nur wenige Firmen aus Murano beteiligt. – Trennung von Venini und Cappellin in: „Vetri Soffiati Venini & C.", Murano (künstlerischer Direktor: Napoleone Martinuzzi) sowie „Maestri Vetrai Muranesi Cappellin & C." (künstlerischer Direktor: Zecchin). – Venini & C. erzeugen Millefiori-(„Murrine") sowie Fadenglas („Latticino").

1927
„Primavera"-Glas von Ercole Barovier (gest. 1974) für Barovier & Toso entwickelt. – Guido Balsamo Stella und der gebürtige Tscheche Franz Pelzel von 1927 bis 1930 für die Firma SALIR (Studio Ars Labor Industrie Riunite) tätig, vor allem im Glasschnitt.

1928
Gründung der Zeitschrift „Domus" (Herausgeber: Gio Ponti).

1929
Gründung der Vetreria d'Arte Ferro Lazzarini.

1930
Zecchin verläßt Cappellin, sein Nachfolger wird Carlo Scarpa. – Triennale Monza: Tierfiguren von Guido Balsamo Stella für Ferro Toso.

1931
Auflösung der Firma Cappellin & C. – Dino Martens für Salviati tätig. – Auflösung der IVAM (Industrie Vetri Artistici Murano) von Libero Vitali (Mitarbeiter Flavio Poli).

1932
Napoleone Martinuzzi verläßt Venini und gründet mit Francesco Zecchin die „Zecchin Martinuzzi Vetri Artistici e Mosaici"; Mitarbeiter: Alfredo Barbini. – Gründung der AVEM (Arte Vetraria Muranese) durch Antonio und Egidio Ferro sowie Emilio Nason (nach Mariacher wurde die AVEM von Ferro und Giulio Rodi gegründet). – Vittorio Zecchin entwirft Kelchgläser für AVEM. – Salviati eröffnet in Murano eine Glashütte und zeigt auf der Biennale Gläser von Dino Martens. – Gründung der Seguso Vetri d'Arte (künstlerischer Direktor: Flavio Poli).

1933
Triennale Mailand: Teilnahme folgender Firmen: Luigi Fontana & C. / Milano (u. a. Entwürfe von Pietro Chiesa), Martinuzzi & Zecchin / Venedig, Soc. Vetrerie T. Taddei & C. / Empoli, Soc. An. Venini / Murano (u. a. Entwürfe von Tommaso Buzzi), Fabbrica Vetri Artistici C. Maschio / Murano, Fratelli Toso / Venedig, Salir Ferro Toso / Murano, Salviati & C. / Venedig. – „Vetro corroso" (geätztes Glas) von Venini erstmals auf der Triennale Mailand. – Serien „Laguna" (mattrosa) und „Alga" nach Entwurf von Tommaso Buzzi bei Venini. – Gründung von „Barovier Seguso & Ferro".

1934
„Vetro sommerso" (Venini). – Tyra Lundgren (schwedische Keramikerin) bis 1940 für Venini tätig. – „Vetro corroso-bugnato" durch Flavio Poli bei Seguso Vetri d'Arte.
19. Biennale von Venedig: Teilnahme von AVEM / Murano, Vetreria Barovier / Murano, Cavalieri Alice, Cristallerie Nazionali / Napoli, Fontana Arte / Milano (künstlerische Leitung: Gio Ponti und P. Chiesa der S. A. Luigi Fontana & C. / Milano), De Matteis / Firenze, Maria Garbin / Venedig, Ulderico Moretti & C. / Murano, Pino Ponti / Milano, Succ. Andrea Rioda / Murano, SAIAR – Ferro Toso & C. / Murano, SALIR / Murano, Salviati & C. / Venedig, Fratelli Toso / Murano, Venini / Murano, Zecchin & Martinuzzi / Murano (künstlerischer Direktor: Napoleone Martinuzzi), Barovier, Seguso & Ferro / Murano (Gläser nach Entwurf von Vittorio Zecchin).

1935
Barovier & C. gründet mit Ferro Toso die Firma Ferro Toso Barovier (später Barovier & Toso).

1936
Milchglasserie und Überfanggläser bei Venini. – Mosaikgläser von Mario De Luigi (Pseudonym Guido Bin) bei Salviati. – Gründung der VAMSA (Vetreria Artistica Muranese Soc. An.): Designer waren Ermenegildo Ripa, Luigi Croce; Teilhaber und erster Meister: Alfredo Barbini.

1936-1938
„Vetro gemmato" bei Barovier & Toso.

1937
„Vetro bullicante" bei Seguso Vetri d'Arte.

1938
Entwürfe von Zecchin für Gläser mit Blattverzierungen am Stiel (Ausführung Fratelli Toso). – Biennale: Ätzgläser von Seguso. – Gründung der Glashütte des Aureliano Toso.

1940
„Rugiada"-Glas bei Barovier & Toso. – Entwürfe von Carlo Scarpa für Venini, vor allem „Murrine".

1945
Edwin Burger (gebürtiger Österreicher) arbeitet selbständig in Mailand, vor allem Glas mit Schliff und Schnitt. – Archimede Seguso verläßt die „Seguso Vetri d'Arte" und gründet seine eigene Firma. – Guglielmo Vistosi gründet die „Vetreria Vistosi" (Entwerfer: Gae Aulenti, Angelo Mangiarotti, Ettore Sotsass, Vico Magistretti, Eleonora Peduzzi Riva).

1946
„Taschentuch“-Gläser („Fazzoletti“) von Venini & C. in Fadenglas („Latticino“) oder Überfang.

1948
Serien „Damasco“ und „Corinto“ (Barovier). – Giulio Radi (1895-1952) Mitarbeiter von AVEM (Gläser mit Metallbedampfung 1948 und 1950 auf der Biennale). – Commedia dell'Arte, Entwurf Fulvio Bianconi für Venini 1948-1950. – Dino Martens: Gläser für Aureliano Toso.
24. Biennale von Venedig: Teilnahme von Francesco Andolfato / Venedig; AVEM / Murano (künstlerische Leitung Giulio Radi), Cenedese & C. / Murano (Schöpfungen von Alfredo Barbini), Barovier & Toso / Murano, Anzolo Fuga e Fratelli / Murano, Aldo Fuga / Murano, Romeo Ongaro / Venedig, SALIR / Murano, Seguso Vetri d'Arte / Murano, Società Veneziana Conterie e Cristallerie / Venedig (Perlenarbeiten nach Entwurf von Maria Damerini), Aureliano Toso / Murano (Vasen nach Entwurf von Dino Martens), Fratelli Toso / Murano, Venini / Murano („Le maschere italiane“ nach Entwurf von Fulvio Bianconi).

1950
Alfredo Barbini, bisher Mitarbeiter von Gino Cenedese gründet die Firma „Alfredo Barbini Vetri Artistici“, Mitarbeit seines Sohnes Flavio. – Gründung des „Centro Studio Pittori nell'arte del Vetro“: Mitarbeit weltberühmter Künstler wie Picasso, Kokoschka, Chagall, Alexander Calder, Le Corbusier. – Giorgio Ferro entwirft Vasen mit „Flügelhenkeln“. – Biennale: vielfarbene Überfanggläser von Flavio Poli.

1951
„Vetro pezzato“ von Venini auf der Triennale Mailand.

1952
„Vetri a nastro lilla“ von Archimede Seguso. – „Vetri astrali“ von Flavio Poli für Seguso. – „Vaso a reazione nucleare“ von V. Vianello für F. Toso.

1954
„Valva“ von Flavio Poli auf der Triennale. – „Vasi milleocchi“ und „Vasi atomici“ (Entwürfe Vinicio Vianello für SALIR). – „Vetri aborigeni“, Entwurf Ercole Barovier (Barovier & Toso).
27. Biennale von Venedig: Teilnahme von Francesco Andolfato / Venedig (Vasen nach Entwurf von F. Quaia und Giulio Padoan), Arte Vetraria Muranese (AVEM), Murano (Entwürfe von Giorgio Ferro), Alfredo Barbini / Murano, Barovier & Toso / Murano (Figur nach Entwurf von Angelo Barovier), Gino Cenedese / Murano, Dalla Venezia Martinuzzi / Murano, Domus – Vetri d'Arte / Murano (nach Entwurf von Anzolo Fuga), Ferro & Lazzarini / Murano (Objekt nach Entwurf von Prof. E. Rizzetto), Industrie Vetrarie Riunite / Murano (Entwurf Scarpa Croce), Riccardo Licata / Venedig, SALIR / Murano („Mille occhi“ und „Murano“ nach Entwurf von Vinicio Vianello, „Vasi astrali“ nach Entwurf von Francesco Pelzel), Archimede Seguso / Murano, Seguso Vetri d'Arte / Murano (Entwurf Flavio Poli), Alberto Toso & C. / Murano (Entwürfe von Vinicio Vianello), Aureliano Toso / Murano (Entwurf Dino Martens), Fratelli Toso / Murano, Venini / Murano, Arturo Zaniol / Murano (nach Entwurf von Renzo Zaniol der SALIR), Tono Zancanaro / Padua.

1955
Galliano Ferro verläßt die AVEM und gründet die „Galliano Ferro“; künstlerischer Leiter: sein Sohn Giorgio Ferro (Serie „Stoccarda“). – Ausstellung im Kunstgewerbemuseum Basel: Gläser aus Murano nach Entwürfen von Picasso, Léger, Kokoschka, Calder, Bracque, Le Corbusier, Lobo, Bodmer.

1957-1958
Große Wanderausstellung mit Glas aus Murano in Deutschland (Hannover, Baden-Baden, Pforzheim, Karlsruhe, Frankfurt, Düsseldorf, Hamburg) und Österreich (Wien, Graz, Linz).

1958
Gründung der Firma „Carlo Moretti S. N.C.“.

1959
Tod von Paolo Venini; die Leitung der Firma übernimmt Ludovico Diaz de Santillana. – Antonio Da Ros arbeitet für Cenedese.

1960
30. Biennale von Venedig: Teilnahme von Arte Vetraria Muranese / Murano („Vaso Astrale“ von Anzolo Fuga); Alfredo Barbini / Murano; Caterina Biondi / Venedig, Gino Cenedese / Murano, Galliano Ferro / Murano, I. V. R. Mazzega / Murano, Nason & Moretti / Murano, Franco Purisiol / Venedig, Salviati & C. / Venedig (Entwürfe des Architekten Chirivi), SALIR / Murano (teilw. nach Entwurf von P. Pelzel), Archimede Seguso / Murano, Seguso Vetri d'arte / Murano (Entwürfe Flavio Poli), Seguso – Dalla Venezia / Murano (Entwürfe von Ezio Rizzetto), Aureliano Toso / Murano (Entwurf von Dino Martens), Fratelli Toso, Guglielmo Vistosi / Murano, Venini S. A. / Murano, Laura Zanon / Venedig.

CHRONOLOGY

The following overview is based on the sources given in the bibliography (p. 48) and in the documentation (p. 147 et seq.).

1895
First Biennale of Venice (with artistic glass from Murano).

1900
Paris World Fair: Murano glass is considered conservative. – Death of Antonio Salviati (born 1816), birth of Flavio Poli.

1921
Paolo Venini (1895-1959) and Giacomo Cappellin (born 1887) found the "Vetri Soffiati Muranesi Cappellin-Venini & C.", with Andrea Rioda as technical director and Vittorio Zecchin (1878-1947) as artistic director; copies of glassware in old paintings ("Veronese" und "Holbein" models).

1923
Monza Biennale. – Vases by the painter Guido Cadorin. – Founding of the SALIR company (with Guido Balsamo Stella).

1924
14th International Art Exhibition, Venice: exhibits by Giacomo Cappellin – Paolo Venini (execution of the glassware by Nane Seguso, Diego Barovier, Nino Pavanello and Attilio Moratto). – Ermanno Toso starts working with Fratelli Toso.

1925
Paris Fair: only a few firms from Murano exhibit. – Venini and Cappellin split up to form "Vetri Soffiati Venini & C.", Murano (artistic director: Napoleone Martinuzzi) and "Maestri Vetrai Muranesi Cappellin & C." (artistic director: Zecchin). – Venini & C. produce millefiori ("Murrine") and "latticino" glass.

1927
"Primavera"-glass developed by Ercole Barovier (died 1974) for Barovier & Toso. – Guido Balsamo Stella and the native Czech Franz Pelzel work for the SALIR company (Studio Ars Labor Industrie Riunite) from 1927 to 1930, primarily engraved glass.

1928
Founding of the magazine "Domus" (publisher: Gio Ponti).

1929
Founding of Vetreria d'Arte Ferro Lazzarini.

1930
Zecchin leaves Cappellin, and is succeeded by Carlo Scarpa. – Monza Triennale: Animal figures by Guido Balsamo Stella for Ferro Toso.

1931
Dissolution of the firm of Cappellin & C. – Dino Martens works for Salviati. – Dissolution of IVAM (Industrie Vetri Artistici Murano) of Libero Vitali (with Flavio Poli).

1932
Napoleone Martinuzzi leaves Venini and founds "Zecchin Martinuzzi Vetri Artistici e Mosaici" with Francesco Zecchin. In their employment: Alfredo Barbini. – Founding of AVEM (Arte Vetraria Muranese) by Antonio and Egidio Ferro and Emilio Nason (according to Mariacher AVEM was founded by Ferro and Giulio Rodi). – Vittorio Zecchin designs goblets for AVEM. – Salviati opens a glassworks in Murano and displays glasses by Dino Martens at the Biennale. – Founding of the Seguso Vetri d'Arte (artistic director: Flavio Poli).

1933
The following firms take part in the Milan Triennale: Luigi Fontana & C. / Milano (including designs by Pietro Chiesa), Martinuzzi & Zecchin / Venice, Soc. Vetrerie T. Taddei & C. / Empoli, Soc. An. Venini / Murano (including designs by Tomaso Buzzi), Fabbrica Vetri Artistici C. Maschio / Murano, Fratelli Toso / Venice, Salir Ferro Toso / Murano, Salviati & C. / Venice. – "Vetro corroso" (etched glass) by Venini first displayed at the Milan Triennale. – "Laguna" (mat pink) and "Alga" series to designs by Tommaso Buzzi with Venini. – Founding of "Barovier Seguso & Ferro".

1934
"Vetro sommerso" (Venini). – Tyra Lundgren (Swedish ceramic artist) works for Venini till 1940. – "Vetro corroso-bugnato" by Flavio Poli with Seguso Vetri d'Arte.
19th Venice Biennale: firms taking part include AVEM / Murano, Vetreria Barovier / Murano, Cavalieri Alice, Cristallerie Nazionali / Napoli, Fontana Arte / Milano (artistic director: Gio Ponti and P. Chiesa der S. A. Luigi Fontana & C. / Milano), De Matteis / Firenze, Maria Garbin / Venice, Ulderico Moretti & C. / Murano, Pino Ponti / Milano, Succ. Andrea Rioda / Murano, SAIAR – Ferro Toso & C. / Murano, SALIR / Murano, Salviati & C. / Venice, Fratelli Toso / Murano, Venini / Murano, Zecchin & Martinuzzi / Murano (artistic director: Napoleone Martinuzzi), Barovier, Seguso & Ferro / Murano (glass to designs of Vittorio Zecchin).

1935
Barovier & C. founds the firm of Ferro Toso Barovier (later Barovier & Toso) with Ferro Toso.

1936
Milchglas series and cased glass from Venini. – Mosaic glass from Mario De Luigi (pseudonym Guido Bin) with Salviati. – Founding of VAMSA (Vetreria Artistica Muranese Soc. An.). Designers included Ermenegildo Ripa, Luigi Croce. Partner and first master: Alfredo Barbini.

1936-1938
"Vetro gemmato" from Barovier & Toso.

1937
"Vetro bullicante" from Seguso Vetri d'Arte.

1938
Designs by Zecchin for glasss with leaf designs on the stem (execution Fratelli Toso). – Biennale: etched glassware from Seguso. – Founding of the glassworks of Aureliano Toso.

1940
"Rugiada"-glass from Barovier & Toso. – Designs by Carlo Scarpa for Venini, in particular "Murrine".

1945
Edwin Burger (native Austrian) works freelance in Milan, producing mainly engraved and cut glass. – Archimede Seguso leaves "Seguso Vetri d'Arte" and founds his own firm. – Guglielmo Vistosi founds "Vetreria Vistosi" (designers: Gae Aulenti, Angelo Mangiarotti, Ettore Sotsass, Vico Magistretti, Eleonora Peduzzi Riva).

1946
"Handkerchief" glass ("Fazzoletti") of Venini & C. in "latticino" or cased glass.

1948
"Damasco" and "Corinto" series from Barovier. – Giulio Radi (1895-1952) works for AVEM (metallised glass at the Biennale 1948 and 1950). – Commedia dell'Arte, design Fulvio Bianconi for Venini 1948-1950. – Dino Martens: glass for Aureliano Toso.
24th Venice Biennale: Firms taking part include Francesco Andolfato / Venice; AVEM / Murano (artistic director: Giulio Radi), Cenedese & C. / Murano (designs by Alfredo Barbini), Barovier & Toso / Murano, Anzolo Fuga e Fratelli / Murano, Aldo Fuga / Murano, Romeo Ongaro / Venice, SALIR / Murano, Seguso Vetri d'Arte / Murano, Società Veneziana Conterie e Cristallerie / Venice (pearl work to designs by Maria Damerini), Aureliano Toso / Murano (vases to designs by Dino Martens), Fratelli Toso / Murano, Venini / Murano ("Le maschere italiane" to designs by Fulvio Bianconi).

1950
Alfredo Barbini, previously employed by Gino Cenedese, founds the firm of "Alfredo Barbini Vetri Artistici", employing his son Flavio. – Founding of the "Centro Studio Pittori nell'arte del Vetro" with the participation of world famous artists like Picasso, Kokoschka, Chagall, Alexander Calder, Le Corbusier. – Giorgio Ferro designs vases with "winged handles". – Biennale: multi-coloured cased glass by Flavio Poli.

1951
"Vetro pezzato" (patchwork glass) by Venini at the Milan Triennale.

1952
"Vetri a nastro lilla" by Archimede Seguso. – "Vetri astrali" by Flavio Poli for Seguso. – "Vaso a reazione nucleare" by V. Vianello für F. Toso.

1954
"Valva" by Flavio Poli at the Triennale. – "Vasi milleocchi" and "Vasi atomici" (designs by Vinicio Vianello for SALIR). – "Vetri aborigeni", design by Ercole Barovier (Barovier & Toso).
27th Venice Biennale: Firms taking part include Francesco Andolfato / Venice (vases to designs by F. Quaia and Giulio Padoan), Arte Vetraria Muranese (AVEM), Murano (designs by Giorgio Ferro), Alfredo Barbini / Murano, Barovier & Toso / Murano (figure to a design by Angelo Barovier), Gino Cenedese / Murano, Dalla Venezia Martinuzzi / Murano, Domus – Vetri d'Arte / Murano (to a design by Anzolo Fuga), Ferro & Lazzarini / Murano (object to design by Prof. E. Rizzetto), Industrie Vetrarie Riunite / Murano (design Scarpa Croce), Riccardo Licata / Venice, SALIR / Murano ("Mille occhi" and "Murano" to designs by Vinicio Vianello, "Vasi astrali" to a design by Francesco Pelzel), Archimede Seguso / Murano, Seguso Vetri d'Arte / Murano (design Flavio Poli), Alberto Toso & C. / Murano (designs by Vinicio Vianello), Aureliano Toso / Murano (designs by Dino Martens), Fratelli Toso / Murano, Venini / Murano, Arturo Zaniol / Murano (to designs by Renzo Zaniol of SALIR), Tono Zancanaro / Padua.

1955
Galliano Ferro leaves AVEM and founds "Galliano Ferro"; artistic director: his son Giorgio Ferro ("Stoccarda" series). – Exhibition at Basle museum of arts and crafts: glass from Murano to designs by Picasso, Leger, Kokoschka, Calder, Bracque, Le Corbusier, Lobo, Bodmer.

1957-1958
Large touring exhibition of glass from Murano in Germany (Hanover, Baden-Baden, Pforzheim, Karlsruhe, Frankfurt, Düsseldorf, Hamburg) and Austria (Vienna, Graz, Linz).

1958
Founding of the firm of "Carlo Moretti S. N.C.".

1959
Death of Paolo Venini; Ludovico Diaz de Santillana takes over the management of the company. – Antonio Da Ros works for Cenedese.

1960
30th Biennale in Venice: Firms exhibiting include Arte Vetraria Muranese / Murano ("Vaso Astrale" of Anzolo Fuga); Alfredo Barbini / Murano; Caterina Biondi / Venice, Gino Cenedese / Murano, Galliano Ferro / Murano, I. V. R. Mazzega / Murano, Nason & Moretti / Murano, Franco Purisiol / Venice, Salviati & C. / Venice (designs by the architect Chirivi), SALIR / Murano (with some designs by F. Pelzel), Archimede Seguso / Murano, Seguso Vetri d'arte / Murano (designs by Flavio Poli), Seguso – Dalla Venezia / Murano (designs by Ezio Rizzetto), Aureliano Toso / Murano (design by Dino Martens), Fratelli Toso, Guglielmo Vistosi / Murano, Venini S. A. / Murano, Laura Zanon / Venice.

TABLE CHRONOLOGIQUE

Cet exposé chronologique a été établi à partir des sources indiquées dans la bibliographie (p. 48) et dans la documentation (p. 147 et suiv.).

1895
Première Biennale de Venise (avec verrerie artistique de Murano)

1900
Exposition mondiale de Paris; la verrerie de Murano est rattachée à la tendance conservatrice. – Mort d'Antonio Salviati (né en 1816), naissance de Flavio Poli.

1921
Paolo Venini (1895-1959) et Giacomo Cappellin (né en 1887) fondent la société «Vetri Soffiati Muranesi Cappellin-Venini & C.», dirigée par Andrea Rioda en tant que directeur technique et Vittorio Zecchin (1878-1947) en tant que directeur artistique; copies de verreries figurant sur des tableaux anciens (modèles «Veronese» et «Holbein»).

1923
Biennale de Monza. – Vases du peintre Guido Cadorin. – Fondation de la SALIR (un des membres était Guido Balsamo Stella)

1924
XIVème Exposition internationale d'art, Venise: participation de Giacomo Cappellin – Paolo Venini (verres exécutés par Nane Seguso, Diego Barovier, Nino Pavanello et Attilio Moratto). – Ermanno Toso devient collaborateur de la manufacture Fratelli Toso.

1925
Exposition de Paris: très faible participation des sociétés de Murano. – Venini et Cappellin se séparent pour donner naissance à: «Vetri Soffiati Venini & C.», Murano (directeur artistique: Napoleone Martinuzzi) et «Maestri Vetrai Muranesi Cappellin & C.» (directeur artistique: Zecchin). – Venini & C. fabriquent du verre «millefiori»(«Murrine») et du verre à filigranes («Latticino»).

1927
Ercole Barovier (mort en 1974) crée le Verre «Primavera» pour Barovier & Toso. – Guido Balsamo Stella et Franz Pelzel, d'origine tchèque, travaillent de 1927 à 1930 pour SALIR (Studio Ars Labor Industrie Riunite), pratiquant principalement la gravure.

1928
Fondation de la revue «Domus» (éditeur: Gio Ponto).

1929
Fondation de la Vetreria d'Arte Ferro Lazzarini.

1930
Zecchin quitte Cappellin; son successeur est Carlo Scarpa. – Triennale de Monza: animaux dessinés par Guido Balsamo Stella pour Ferro Toso.

1931
Dissolution de Cappellin & C. – Dino Martens travaille pour Salviati. – Dissolution de l'IVAM (Industrie Vetri Artistici Murano) de Libero Vitali (collaborateur Flavio Poli).

1932
Napoleone Martinuzzi quitte Venini et fonde avec Francesco Zecchin la «Zecchin Martinuzzi Vetri Artistici e Mosaici»; collaborateur: Alfredo Barbini. – Fondation de l'AVEM (Arte Vetraria Muranese) par Antonio et Egidio Ferro et Emilio Nason (selon Mariacher l'AVEM avait été fondée par Ferro et Giulio Rodi). – Vittorio Zecchin dessine des verres caliciformes pour l'AVEM. – Salviati ouvre une verrerie à Murano et expose à la Biennale des verreries de Dino Martens. – Fondation de la Seguso Vetri d'Arte (directeur artistique: Flavio Poli).

1933
Triennale de Milan: participation des sociétés suivantes: Luigi Fontana & C. / Milano (entre autres, pièces dessinées par Pietro Chiesa), Martinuzzi & Zecchin / Venise, Soc. Vetrerie T. Taddei & C. / Empoli, Soc. An. Venini / Murano (entre autres pièces dessinées par Tommaso Buzzi), Fabbrica Vetri Artistici C. Maschio / Murano, Fratelli Toso / Venise, Salir Ferro Toso / Murano, Salviati & C. / Venise. – Le «Vetro corroso» (verre attaqué à l'acide) de Venini est exposé pour la première fois à la Triennale de Milan. – Chez Venini, séries «Laguna» (rose mat) et «Alga», selon les dessins de Tommaso Buzzi. – Fondation de «Barovier Seguso & Ferro».

1934
«Vetro sommerso» (Venini). – Tyra Lundgren (céramiste suédoise) travaille jusqu'en 1940 pour Venini. – «Vetro corroso-bugnato» de Flavio Poli chez Seguso Vetri d'Arte.
XIXème Biennale de Venise: participation d'AVEM / Murano, Vetreria Barovier / Murano, Cavalieri Alice, Cristallerie Nazionali / Naples, Fontana Arte / Milano (direction artistique: Gio Ponti et P. Chiesa de la S. A. Luigi Fontana & C. / Milano), De Matteis / Firenze, Maria Garbin / Venise, Ulderico Moretti & C. / Murano, Pino Ponti / Milano, Succ. Andrea Rioda / Murano, SAIAR – Ferro Toso & C. / Murano, SALIR / Murano, Salviati & C. / Venise, Fratelli Toso / Murano, Venini / Murano, Zecchin & Martinuzzi / Murano (directeur artistique: Napoleone Martinuzzi), Barovier, Seguso & Ferro / Murano (pièces dessinées par Vittorio Zecchin).

1935
Barovier & C. fonde avec Ferro Toso la société Ferro Toso Barovier (qui devint par la suite Barovier & Toso).

1936
Série de pièces en verre opale et en verre à plusieurs couches chez Venini. – Verre «mosaïque» de Mario De Luigi (pseudonyme Guido Bin) chez Salviati. – Fondation de la VAMSA (Vetreria Artistica Muranese Soc. An.): les designers étaient Ermenegildo Ripa, Luigi Croce; associé et premier maître artisan: Alfredo Barbini.

1936-1938
«Vetro gemmato» chez Barovier & Toso.

1937
«Vetro bullicante» chez Seguso Vetri d'Arte.

1938
Projets de Zecchin pour des verres dont le pied s'ornait de feuilles (exécution Fratelli Toso). – Biennale: Verres travaillés à l'acide de Seguso. – Fondation de la manufacture d'Aureliano Toso.

1940
Verre «Rugiada» chez Barovier & Toso. – Projets de Carlo Scarpa pour Venini, notamment «Murrine».

1945
Edwin Burger (originaire d'Autriche) travaille à son compte à Milan, notamment le verre taillé et gravé. – Archimede Seguso quitte la «Seguso Vetri d'Arte» et

fonde sa propre société. – Guglielmo Vistosi fonde la «Vetreria Vistosi» (dessinateurs: Gae Aulenti, Angelo Mangiarotti, Ettore Sotsass, Vico Magistretti, Eleonora Peduzzi Riva).

1946
Objets-«mouchoirs» («Fazzoletti») de Venini & C. en verre à fils rapportés («Latticino») ou verre à plusieurs couches.

1948
Séries «Damasco» et «Corinto» (Barovier). – Giulio Radi (1895-1952) travaille chez AVEM (expose en 1948 et 1950 à la Biennale des objets en verre métallisé sous vide). – Commedia dell'Arte, projet de Fulvio Bianconi pour Venini 1948-1950. – Dino Martens: verreries d'Aureliano Toso.
XXIVème Biennale de Venise: participation de Francesco Andolfato / Venise; AVEM / Murano (direction artistique: Giulio Radi), Cenedese & C. / Murano (créations d'Alfredo Barbini), Barovier & Toso / Murano, Anzolo Fuga e Fratelli / Murano, Aldo Fuga / Murano, Romeo Ongaro / Venise, SALIR / Murano, Seguso Vetri d'Arte / Murano, Società Veneziana Conterie e Cristallerie / Venise (travaux en perles selon un projet de Maria Damerini), Aureliano Toso / Murano (vases dessinés par Dino Martens), Fratelli Toso / Murano, Venini / Murano («Le maschere italiane» selon un projet de Fulvio Bianconi).

1950
Alfredo Barbini, ancien collaborateur de Gino Cenedese fonde la société «Alfredo Barbini Vetri Artistici», collaboration de son fils Flavio. – Fondation du «Centro Studio Pittori nell'arte del Vetro»: collaboration d'artistes de renommée mondiale tels que Picasso, Kokoschka, Chagall, Alexander Calder, Le Corbusier. – Giorgio Ferro dessine des vases à anses ailées«. – Biennale: verres à plusieurs couches multicolores de Flavio Poli.

1951
»Vetro pezzato« de Venini à la Triennale de Milan.

1952
»Vetri a nastro lilla« d'Archimede Seguso. – »Vetri astrali« de Flavio Poli pour Seguso. – »Vaso a reazione nucleare« de V. Vianello pour F. Toso.

1954
»Valva« de Flavio Poli à la Triennale – »Vasi milleocchi« et »Vasi atomici« (projets de Vinicio Vianello pour SALIR). – »Vetri aborigeni«, projet d'Ercole Barovier (Barovier & Toso).
XXVIIème Biennale de Venise: participation de Francesco Andolfato / Venise (vases dessinés par F. Quaia et Giulio Padoan), Arte Vetraria Muranese (AVEM), Murano (projets de Giorgio Ferro), Alfredo Barbini / Murano, Barovier & Toso / Murano (personnage dessiné par Angelo Barovier), Gino Cenedese / Murano, Dalla Venezia Martinuzzi / Murano, Domus – Vetri d'Arte / Murano (projet d'Anzolo Fuga), Ferro & Lazzarini / Murano (objet dessiné par le prof. E. Rizzetto), Industrie Vetrarie Riunite / Murano (projet de Scarpa Croce), Riccardo Licata / Venise, SALIR / Murano («Mille occhi» et «Murano», projet de Vinicio Vianello, «Vasi astrali», dessinés par Francesco Pelzel), Archimede Seguso / Murano, Seguso Vetri d'Arte / Murano (projet de Flavio Poli), Alberto Toso & C. / Murano (projets de Vinicio Vianello), Aureliano Toso / Murano (projet de Dino Martens), Fratelli Toso / Murano, Venini / Murano, Arturo Zaniol / Murano (projet de Renzo Zaniol de la SALIR), Tono Zancanaro / Padua.

1955
Galliano Ferro quitte l'AVEM et fonde la «Galliano Ferro»; directeur artistique: son fils Giorgio Ferro (série «Stoccarda»). – Exposition au Musée des Arts décoratifs de Bâle: verre de Murano d'après les projets de Picasso, Léger, Kokoschka, Calder, Bracque, Le Corbusier, Lobo, Bodmer.

1957-1958
Grande exposition itinérante des verreries de Murano en Allemagne (Hannovre, Baden-Baden, Pforzheim, Karlsruhe, Francfort, Dusseldorf, Hambourg) et en Autriche (Vienne, Graz, Linz).

1958
Fondation de la société «Carlo Moretti S. N.C.».

1959
Mort de Paolo Venini; Ludovico Diaz de Santillana prend la direction de l'entreprise. – Antonio Da Ros travaille pour Cenedese.

1960
XXXème Biennale de Venise: participation d'Arte Vetraria Muranese / Murano («Vaso Astrale» d'Anzolo Fuga); Alfredo Barbini / Murano; Caterina Biondi / Venise, Gino Cenedese / Murano, Galliano Ferro / Murano, I. V. R. Mazzega / Murano, Nason & Moretti / Murano, Franco Purisiol / Venise, Salviati & C. / Venise (projets de Chirivi, architecte), SALIR / Murano (une partie des projets étant due à F. Pelzel), Archimede Seguso / Murano, Seguso Vetri d'arte / Murano (projets de Flavio Poli), Seguso – Dalla Venezia / Murano (projets d'Ezio Rizzetto), Aureliano Toso / Murano (projet de Dino Martens), Fratelli Toso, Guglielmo Vistosi / Murano, Venini S. A. / Murano, Laura Zanon / Venise.

TAVOLA CRONOLOGICA

Sono servite quale base della tavola seguente le sorgenti indicate nella bibliografia (p. 48) e nella documentazione (p. 147 e segg.).

1895
Prima Biennale di Venezia (con vetro artistico di Murano).

1900
Esposizione Mondiale di Parigi: il vetro di Murano fa parte della linea conservativa. – Muore Antonio Salviati (n. 1816), nasce Flavio Poli.

1921
Paolo Venini (1895/1959) e Giacomo Cappellin (n. 1887) fondano la «Vetri Soffiati Muranesi Cappellin-Venini & C.», con Andrea Rioda quale direttore tecnico e Vittorio Zecchin (1878/1947) quale direttore artistico; copie di vetri di antichi quadri (modelli «Veronese» ed «Holbein»).

1923
Biennale di Monza. – Vasi del pittore Guido Cadorin. – Fondazione della SALIR, collaboratore: Guido Balsamo Stella.

1924
XIV Mostra d'arte di Venezia: Espongono: Giacomo Cappellin – Paolo Venini (esecuzione dei vetri di Nane Seguso, Diego Barovier, Nino Pavanello ed Attilio Moratto). – Ermanno Toso diventa collaboratore della Fratelli Toso.

1925
Esposizione di Parigi: non vi partecipano che poche ditte muranesi. – Separazione di Venini e Cappellin in: «Vetri Soffiati Venini & C.», Murano (direttore artistico Napoleone Martinuzzi) e «Maestri Vetrai Muranesi Cappellin & C.» (direttore artistico: Zecchin). – Venini & C. producono vetri millefiori («murrine») e latticino.

1927
Vetro «Primavera» di Ercole Barovier (deceduto nel 1974) concepito per la Barovier & Toso. – Guido Balsamo Stella e Franz Pelzel di origine cecoslovacca lavorano per la Ditta SALIR dal 1927 al 1930 e ciò soprattutto nel campo del taglio del vetro (Studio Ars Labor Industrie Riunite).

1928
Fondazione della rivista «Domus» (Editore: Gio Ponti).

1929
Fondazione della Vetreria d'Arte Ferro Lazzarini.

1930
Zecchin lascia Cappellin e Carlo Scarpa diventa suo successore. – Triennale di Monza: Figure di animali di Guido Balsamo Stella per Ferro Toso.

1931
Liquidazione della Ditta Cappellin & C. – Dino Martens lavora per Salviati. – Liquidazione della IVAM (Industrie Vetri Artistici Murano) di Libero Vitali (collaboratore Flavio Poli).

1932
Napoleone Martinuzzi lascia Venini e fonda insieme a Francesco Zecchin la «Zecchin Martinuzzi Vetri Artistici e Mosaici»; collaboratore: Alfredo Barbini. – Fondazione della AVEM (Arte Vetraria Muranese) da parte di Antonio ed Egidio Ferro ed Emilio Nason (secondo Mariacher i fondatori della AVEM erano Ferro e Giulio Rodi). – Vittorio Zecchin disegna dei calici per la AVEM. – Salviati apre una vetreria a Murano ed espone alla Biennale vetri di Dino Martens. – Fondazione della Seguso Vetri d'Arte (direttore artistico: Flavio Poli).

1933
Triennale di Milano: Vi espongono le seguenti ditte: Luigi Fontana & C. / Milano (fra altri disegni di Pietro Chiesa), Martinuzzi & Zecchin / Venezia, Soc. Vetrerie T. Taddei & C. / Empoli, Soc. An. Venini / Murano (fra altri anche disegni di Tommaso Buzzi), Fabbrica Vetri Artistici C. Maschio / Murano, Fratelli Toso / Venezia, Salir Ferro Toso / Murano, Salviati & C. / Venezia. – Prima presentazione del vetro corroso di Venini alla Triennale di Milano – Serie «Laguna» ed «Alga» secondo un disegno di Tommaso Buzzi presso Venini. – Fondazione della «Barovier Seguso & Ferro».

1934
«Vetro sommerso» (Venini). – Tyra Lundgren (ceramista svedese) lavora per Venini fino al 1940. – «Vetro corroso-bugnato» di Flavio Poli presso la Seguso Vetri d'Arte.
XIX Biennale di Venezia: espongono: AVEM / Murano, Vetreria Barovier / Murano, Cavalieri Alice, Cristallerie Nazionali / Napoli, Fontana Arte / Milano (direttori artistici: Gio Ponti e P. Chiesa della S. A. Luigi Fontana & C. / Milano), De Matteis / Firenze, Maria Garbin / Venezia, Ulderico Moretti & C. / Murano, Pino Ponti / Milano, Succ. Andrea Rioda / Murano, SAIAR – Ferro Toso & C. / Murano, SALIR / Murano, Salviati & C. / Venezia, Fratelli Toso / Murano, Venini / Murano, Zecchin & Martinuzzi / Murano (Direttore artistico: Napoleone Martinuzzi), Barovier, Seguso & Ferro / Murano (vetri secondo disegni di Vittorio Zecchin).

1935
La Barovier & C. crea insieme alla Ferro Toso la ditta Ferro Toso Barovier (in seguito: Barovier & Toso).

1936
Serie di vetro opalino e placcato da Venini. – Vetri murrini di Mario De Luigi (pseudomino Guido Bin) da Salviati. – Fondazione della VAMSA (Vetreria Artistica Muranese Soc. An.), disegnatori: Ermenegildo Ripa e Luigi Croce; Coproprietario e primo Artigiano: Alfredo Barbini.

1936/1938
«Vetro gemmato» da Barovier & Toso.

1937
«Vetro bullicante» da Seguso Vetri d'Arte.

1938
Disegni di Zecchin per vetri a decorazione di fogliame sullo stelo (Esecuzione Fratelli Toso). – Biennale: Vetri corrosi di Seguso. – Fondazione della vetreria di Aureliano Toso.

1940
«Rugiada» – vetri di Barovier & Toso. – Disegni di Carlo Scarpa per Venini – soprattutto vetri murrini.

1945
Edwin Burger (di origine austriaca) lavora indipendentemente a Milano – soprattutto vetro tagliatio e molato. – Archimede Seguso lascia la «Seguso Vetri d'Arte» e fonda la sua propria ditta. – Guglielmo Vistosi fonda la «Vetreria Vistosi» (Disegnatori: Gae Aulenti, Angelo Mangiarotti, Ettore Sotsass, Vico Magistretti, Eleonora Peduzzi Riva).

1946
«Vetri Fazzoletti» di Venini & C., in vetri o latticino o placcato.

1948
Serie «Damasco» e «Corinto» (Barovier). – Giulio Radi (1895/1952) collaboratore della AVEM (vetri metallizzati a vapore esposti alla Biennale nel 1948 e 1950). – Commedia dell'Arte – disegno di Fulvio Bianconi per Venini 1948/1950. – Dino Martens: vetri per Aureliano Toso.
XXIV Biennale di Venezia: espongono: Francesco Andolfato / Venezia; AVEM / Murano (direttore artistico: Giulio Radi), Cenedese & C. / Murano (creazioni di Alfredo Barbini), Barovier & Toso / Murano, Anzolo Fuga e Fratelli / Murano, Aldo Fuga / Murano, Romeo Ongaro / Venezia, SALIR / Murano, Seguso Vetri d'Arte / Murano, Società Veneziana Conterie e Cristallerie / Venezia (lavori perlati – disegno di Maria Damerini), Aureliano Toso / Murano (vasi disegnati da Dino Martens), Fratelli Toso / Murano, Venini / Murano («Le maschere italiane» disegnate da Fulvio Bianconi).

1950
Alfredo Barbini già collaboratore di Gino Cenedese fonda la ditta «Alfredo Barbini Vetri Artistici», ove collabora suo figlio Flavio. – Fondazione del «Centro Studio Pittori nell'arte del Vetro»: vi collaborano artisti di fama mondiale quali Picasso, Kokoschka, Chagall, Alexander Calder, Le Corbusier. – Giorgio Ferro disegna vasi a «manici alati». – Biennale: vetri placcati multicolori di Flavio Poli.

1951
«Vetro pezzato» di Venini alla Triennale di Milano.

1952
«Vetri a nastro lilla» di Archimede Seguso. – «Vetri astrali» di Flavio Poli per Seguso. – «Vaso a reazione nucleare» di V. Vianello per F. Toso.

1954
«Valva» di Flavio Poli alla Triennale. – «Vasi milleocchi» e «Vasi atomici» (disegni: Vinicio Vianello per la SALIR). – «Vetri aborigeni» – disegno Ercole Barovier (Barovier & Toso).
XXVII Biennale di Venezia: espongono: Francesco Andolfato / Venezia (vasi disegnati da F. Quaia e Giulio Padoan), Arte Vetraria Muranese (AVEM), Murano (disegni di Giorgio Ferro), Alfredo Barbini / Murano, Barovier & Toso / Murano (figura disegnata da Angelo Barovier), Gino Cenedese / Murano, Dalla Venezia Martinuzzi / Murano, Domus – Vetri d'Arte / Murano (disegni di Anzolo Fuga), Ferro & Lazzarini / Murano (oggetti disegnati dal prof. E. Rizzetto), Industrie Vetrarie Riunite / Murano (disegni: Scarpa Croce), Riccardo Licata / Venezia, SALIR / Murano («Mille occhi» e «Murano» disegni di Vinicio Vianello, «Vasi astrali» disegno di Francesco Pelzel), Archimede Seguso / Murano, Seguso Vetri d'Arte / Murano (disegno Flavio Poli), Alberto Toso & C. / Murano (disegni di Vinicio Vianello), Aureliano Toso / Murano (disegno di Dino Martens), Fratelli Toso / Murano, Venini / Murano, Arturo Zaniol / Murano (disegno di Renzo Zaniol della SALIR), Tono Zancanaro / Padua.

1955
Galliano Ferro lascia la AVEM e fonda la «Galliano Ferro»; direttore artistico: suo figlio Giorgio Ferro (serie «Stoccarda»). – Esposizione nel Museo dell'artigianato artistico di Basilea: vetri di Murano disegnati da Picasso, Léger, Kokoschka, Calder, Bracque, Le Corbusier, Lobo, Bodmer.

1957/1958
Grande mostra ambulante di vetri muranesi in Germania (Hannover, Baden-Baden, Pforzheim, Karlsruhe, Francoforte, Düsseldorf, Amburgo) ed in Austria (Vienna, Graz, Linz).

1958
Fondazione della Ditta «Carlo Moretti S. N.C.».

1959
Muore Paolo Venini; si incarica della direzione della Ditta Ludovico Diaz de Santillana. – Antonio Da Ros lavora per Cenedese

1960
XXX Biennale di Venezia: espongono: Arte Vetraria Muranese / Murano («Vaso Astrale» di Anzolo Fuga); Alfredo Barbini / Murano; Caterina Biondi / Venezia, Gino Cenedese / Murano, Galliano Ferro / Murano, I. V. R. Mazzega / Murano, Nason & Moretti / Murano, Franco Purisiol / Venezia, Salviati & C. / Venezia (disegni dell'architetto Chirivi), SALIR / Murano (in parte secondo disegno di F. Pelzel); Archimede Seguso / Murano, Seguso Vetri d'arte / Murano (disegni di Flavio Poli), Seguso – Dalla Venezia / Murano (disegni di Ezio Rizzetto), Aureliano Toso / Murano (disegno di Dino Martens), Fratelli Toso, Guglielmo Vistosi / Murano, Venini S. A. / Murano, Laura Zanon / Venezia.

6 Vase (Entwurf Napoleone Martinuzzi, Ausführung Venini, Murano), vor 1927, H 40 cm. – Vase (design by Napoleone Martinuzzi, execution Venini / Murano) prior to 1927, h 40 cm. – Vase (projet de Napoleone Martinuzzi, exécuté par Venini / Murano), antérieur à 1927, H 40 cm. – Vaso (dis. Napoleone Martinuzzi, esecuzione Venini / Murano) anteriore al 1927, alt. cm 40. – ÖMAK, Inv. Gl 2556

7

7 Vase (Entwurf Napoleone Martinuzzi, Ausführung Venini, Murano), vor 1927, H 40,2 cm. – Vase (design by Napoleone Martinuzzi, execution Venini / Murano), prior to 1927, h 40.2 cm. – Vase (projet de Napoleone Martinuzzi, exécuté par Venini / Murano), antérieur à 1927, H 40,2 cm. – Vaso (dis. Napoleone Martinuzzi, esecuzione Venini / Murano) anteriore al 1927, alt. cm 40,2. – ÖMAK, Inv. Gl 2557

8 Vase (Entwurf Napoleone Martinuzzi, Ausführung Venini, Murano), vor 1927, H 47,5 cm. – Vase (design by Napoleone Martinuzzi, execution Venini / Murano), prior to 1927, h 47.5 cm. – Vase (projet de Napoleone Martinuzzi, exécuté par Venini / Murano), antérieur à 1927, H 47,5 cm. – Vaso (dis. Napoleone Martinuzzi, esecuzione Venini / Murano), anteriore al 1927, alt. cm 47,5. – ÖMAK, Inv. Gl 2558

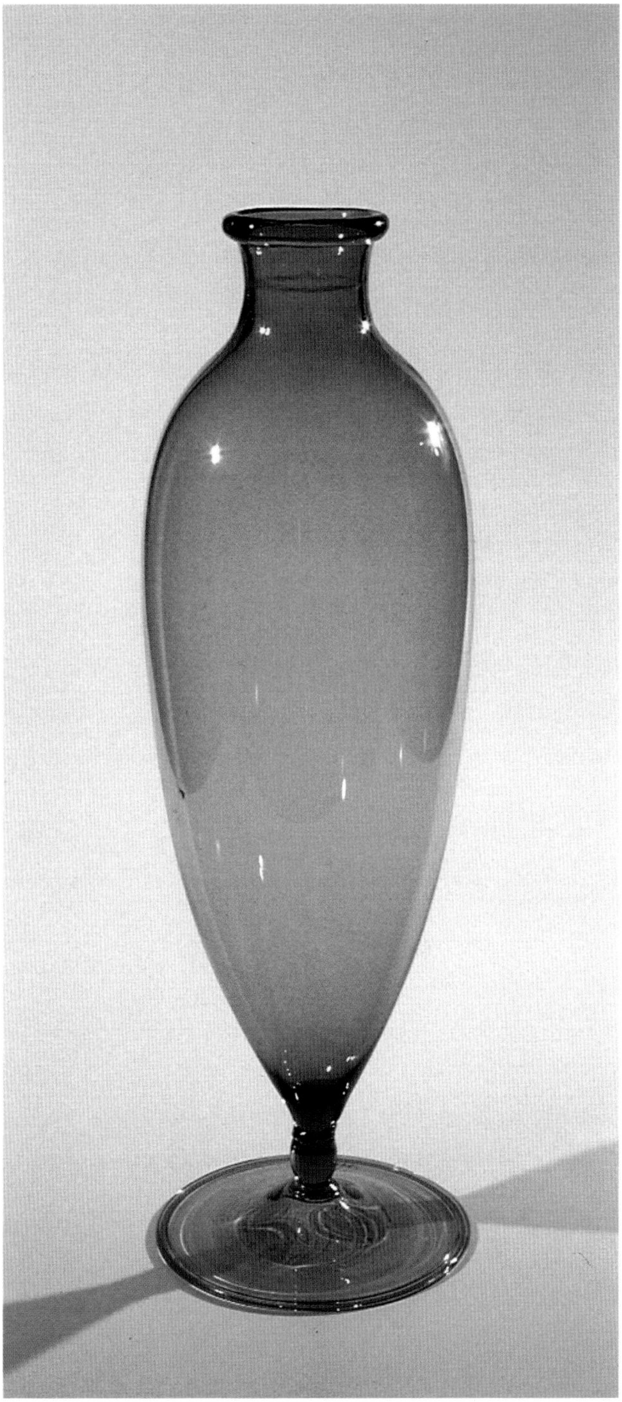

8

9 Vase, Venedig, um 1925-1930, H 36,5 cm. – Vase, Venice, around 1925-30, h 36.5 cm. – Vase, Venise, vers 1925-1930, H 36,5 cm. – Vaso, Venezia, intorno al 1925/1930, alt. cm 36,5. – ÖMAK, Inv. Gl 2935

10 Vase (Entwurf Napoleone Martinuzzi, Ausführung Venini, Murano), vor 1927, H 33,6 cm. – Vase (design by Napoleone Martinuzzi, execution Venini / Murano), prior to 1927, h 33.6 cm. – Vase (projet de Napoleone Martinuzzi, exécuté par Venini / Murano), antérieur à 1927, H 33,6 cm. – Vaso (dis. Napoleone Martinuzzi, esecuzione Venini / Murano), anteriore al 1927, alt. cm 33,6. – ÖMAK, Inv. Gl 2552

11 Große Schale (Glasbecken), (Entwurf Napoleone Martinuzzi, Ausführung Venini / Murano), vor 1927, H 21,4 cm, D 26,5 cm. – Large bowl (glass basin), (design by Napoleone Martinuzzi, execution Venini / Murano), prior to 1927, h 21.4 cm. – Grande jatte de verre (projet de Napoleone Martinuzzi, exécuté par Venini / Murano), antérieure à 1927, H 21,4 cm, D 26,5 cm. – Grande ciotola (bacinella di vetro), (disegno di Napoleone Martinuzzi, esecuzione Venini / Murano), anteriore al 1927, alt. cm 21,4, diam. cm 26,5. – ÖMAK, Inv. Gl 2551

12 Schale, Venedig, um 1925-1930, H 11,8 cm, D 16,1 cm. – Bowl, Venice, around 1925-30, h 11.8 cm, d 16,1 cm. – Coupe, Venise, vers 1925-1930, H 11,8 cm, D 16,1 cm. – Ciotola, Venezia, intorno al 1925/1930, alt. cm 11,8, diam. cm 16,1. – ÖMAK, Inv. Gl 2936

13 Pokal, Venedig, um 1925-1930, H 31,9 cm. – Goblet, Venice, around 1925-30, h 31.9 cm. – Surtout, Venise, vers 1925-1930, H 31,9 cm. – Coppa, Venezia, intorno al 1925/1930, alt. cm 31,9. – ÖMAK, Inv. Gl 2929

14 Schale (Glasbecken), (Entwurf Napoleone Martinuzzi, Ausführung Venini / Murano), vor 1927, H 25,7 cm, D 42,6 cm. – Bowl (glass basin), (design by Napoleone Martinuzzi, execution Venini, Murano), prior to 1927, h 25.7 cm, d 42,6 cm. – Grande jatte de verre (projet de Napoleone Martinuzzi, exécuté par Venini / Murano), antérieure à 1927, H 25,7 cm, D 42,6 cm. – Ciotola (bacinella di vetro), (dis. Napoleone Martinuzzi, esecuzione Venini / Murano), anteriore al 1927, alt. cm 25,7, diam. 42,6. – ÖMAK, Inv. Gl 2549

15 Drei Kelchgläser, Venedig, um 1925-1930, H 29,8 cm, 24,5 cm und 14,8 cm. – Three crystal goblets, Venice, around 1925-30, h 29.8 cm, 24,5 cm and 14.8 cm. – Trois flûtes, Venise, vers 1925-1930, H 29,8 cm, 24,5 cm et 14,8 cm. – Tre calici, Venezia, intorno al 1925/1930, alt. cm 29,8, 24,5 e 14,8. – ÖMAK, Inv. Gl 2928 a, b, c

16 Flasche, Venini / Murano, um 1925-1930, H 36,6 cm. – Bottle, Venini / Murano, around 1925-30, h 36.6 cm. – Carafe, Venini / Murano, vers 1925-1930, H 36,6 cm. – Bottiglia, Venini / Murano, intorno al 1925/1930, alt. cm 36,6. – ÖMAK, Inv. Gl 2930

17 Trinkschale (Entwurf Napoleone Martinuzzi, Ausführung Venini / Murano), vor 1927, H 20,1 cm. – Drinking glass (design by Napoleone Martinuzzi, execution Venini / Murano), prior to 1927, h 20.1 cm. – Verre à pied élevé (projet de Napoleone Martinuzzi, exécuté par Venini / Murano), antérieur à 1927, H 20,1 cm. – Coppa (dis. Napoleone Martinuzzi, esecuzione Venini / Murano), anteriore al 1927, alt. cm 20,1. – ÖMAK, Inv. Gl 2554

18 Krug, Venedig, 1925-1930, H 35,8 cm. – Jug, Venice, 1925-30, h 35,8 cm. – Pichet, Venise, 1925-1930, H 35,8 cm. – Brocca, Venezia, intorno al 1925/1930, alt. cm 35,8. – ÖMAK, Inv. Gl 2934

18

19 Flasche mit Ausguß, Venedig, 1925-1930, H 16,5 cm. – Bottle with spout, Venice, 1925-30, h 16,5 cm. – Flacon à bec, Venise, 1925-1930, H 16,5 cm. – Caraffa a becco, Venezia, intorno al 1925/1930, alt. cm 16,5. – ÖMAK, Inv. Gl 2931

20 Schale und Untertasse (Entwurf Napoleone Martinuzzi, Ausführung Venini / Murano), vor 1927, H 6,5 cm (Schale), D 14,2 cm (Untertasse). – Cup and saucer (design by Napoleone Martinuzzi, execution Venini / Murano), prior to 1927, h 6.5 cm (cup), d 14.2 cm (saucer). – Coupe et soucoupe (projet de Napoleone Martinuzzi, exécuté par Venini / Murano), antérieures à 1927, H 6,5 (coupe), D 14,2 cm (soucoupe). – Tazza con sottocoppa (dis. Napoleone Martinuzzi, esecuzione Venini / Murano) anteriore al 1927, alt. cm 6,5 (tazza), diam. cm 14,2 (sottocoppa). – ÖMAK, Inv. Gl 2555 a, b

21 Fruchtschale (Entwurf Napoleone Martinuzzi, Ausführung Venini / Murano), vor 1927, H 12,8 cm, D 24,3 cm. – Fruit bowl (design by Napoleone Martinuzzi, execution Venini / Murano), prior to 1927. – Compotier (projet de Napoleone Martinuzzi, exécuté par Venini / Murano), antérieure à 1927, H 40 cm. – Portafrutta (dis. Napoleone Martinuzzi, esecuzione Venini / Murano), anteriore al 1927, alt. cm 12,8, diam. cm 24,3. – ÖMAK, Inv. Gl 2553

22 Krug (Entwurf Napoleone Martinuzzi, Ausführung Venini, Murano), vor 1927, H 40 cm. – Jug (design by Napoleone Martinuzzi, execution Venini / Murano), prior to 1927, h 40 cm. – Carafe (projet de Napoleone Martinuzzi, exécuté par Venini / Murano), antérieure à 1927, H 40 cm. – Brocca (dis. Napoleone Martinuzzi, esecuzione Venini / Murano), anteriore al 1927, alt. cm 40. – ÖMAK, Inv. GI 2550

23 Leuchter (von einem Paar), Venedig, 1925-1930, H 23 cm. – Candlestick (one of a pair), Venice, 1925-30, h 23 cm. – Chandelier (faisant partie d'une paire), Venise, 1925-1930, H 23 cm. – Candeliere (uno di un piaio), Venezia, intorno al 1925/1930, alt. cm 23. – ÖMAK, Inv. Gl 2932

24 Zweiarmiger Leuchter, Venedig, 1925-1930, H 31,2 cm. – Two-armed candlestick, Venice, 1925-30, h 31.2 cm. – Chandelier à deux branches, Venise, 1925-1930, H 31,2 cm. – Candeliere a due braccia, Venezia, intorno al 1925/1930, alt. cm 31,2. – ÖMAK, Inv. Gl 2933

25 Aufsatz, Venedig, 1925-1930, H 24,5 cm. – Centrepiece, Venice, 1925-30, h 24.5 cm. – Surtout, Venise, 1925-1930, H 24,5 cm. – Alzata, Venezia, intorno al 1925/1930, alt. cm 24,5. – ÖMAK, Inv. Gl 2926

26 Pokal, Venedig, 1925-1930, H 20,1 cm. – Goblet, Venice, 1925-30, h 20.1 cm. – Grande coupe à pied, Venise, 1925-1930, H 20,1 cm. – Coppa, Venezia, intorno al 1925/1930, alt. cm 20,1. – ÖMAK, Inv. Gl 2927

27 Schale (Entwurf Bimini/Wien, Ausführung: Venini / Murano), um 1925-1930, H 8,8 cm, D 24,5 cm. – Bowl (design Bimini / Vienna, execution Venini / Murano), around 1925-30, h 8.8 cm, d 24.5 cm. – Coupe (projet de Bimini / Vienne, exécuté par Venini / Murano), vers 1925-1930, H 8,8 cm, D 24,5 cm. – Coppa (dis. Bimini / Vienna, esecuzione Venini / Murano), intorno al 1925/1930, alt. cm 8,8, diam. cm 24,5. – ÖMAK, Inv. Gl 3434

28 Obstaufsatz (Entwurf Bimini/Wien, Ausführung: Venini / Murano), um 1925-1930, H 18,9 cm. – Fruit bowl (design Bimini / Vienna, execution Venini / Murano), around 1925-30, h 18.9 cm. – Compotier (projet de Bimini / Vienne, exécuté par Venini / Murano), vers 1925-1930, H 18,9. – Portafrutta (dis. Bimini / Vienna, esecuzione Venini / Murano), intorno al 1925/1930, alt. cm 18,9. – ÖMAK, Inv. Gl 3435

29 Schale, Venedig, 1925-1930, H 7,9 cm, D 12,3 cm. – Bowl, Venice, 1925-30, h 7.9 cm, d 12.3 cm. – Coupe, Venise, 1925-1930, H 7,9 cm, D 12,3 cm. – Coppa, Venezia, intorno al 1925/1930, alt. cm 7,9, diam. cm 12,3. – ÖMAK, Inv. Gl 2937

AUSGEWÄHLTE BIBLIOGRAPHIE · SELECTED BIBLIOGRAPHY · BIBLIOGRAPHIE CHOISIE · BIBLIOGRAFIA SCELTA

Domus = Domus, Milano 1927 ff.
Ernst = Harro Ernst, Moderne Gläser, Darmstadt o. J.
Gasparetto 1958 = Astone Gasparetto, Il vetro di Murano dalle origini ad oggi, Venezia 1958
Mariacher 1954 = Giovanni Mariacher, L'Arte del Vetro, o. O. 1954
Mariacher 1967 = Giovanni Mariacher, I vetri di Murano, 1967
Mrazek 1957 = Wilhelm Mrazek, Kostbares Glas aus Murano, in: alte und moderne kunst 4-5/1957, S. 23-24
Nicodemi 1955 = Giorgio Nicodemi, Vetri d'Oggi, Serie Esempi di decorazione moderne di tutto il mondo, Hrsg. Roberto Aloi
Polak 1962 = Ada Polak, Modern Glass, London 1962
Venezianisches Glas 1981 = Venezianisches Glas 19. bis 20. Jahrhundert aus dem Glasmuseum Murano/Venedig im Kunstgewerbemuseum Schloß Köpenick, Berlin 1981
Venini Orrefors 1957 = Venini Murano Glas Orrefors Schweden, Sonderausstellung des Kestner-Museums, Hannover1957
Venini 1957 = Venini Murano Glas, Ausstellung des Österreichischen Museums für angewandte Kunst, Wien 1957 (Sonderdruck der Ausstellung des Kestner-Museums)
Warnecke 1965 = August Warnecke, Kultur in Glas und Porzellan, Hamburg 1965

KATALOG · CATALOGUE · CATALOGO

ABKÜRZUNGEN · ABBREVIATIONS · ABREVIATIONS · ABBREVIAZIONI

ÖMAK = Österreichisches Museum für angewandte Kunst, Wien / Austrian Museum of Applied Art, Vienna / Musée autrichien d'Arts appliqués de Vienne / Museo Austriaco d'Arte Applicata di Vienna

ÖMKI = Österreichisches Museum für Kunst und Industrie, Wien / Austrian Museum of Art and Industry, Vienna / Musée autrichien des Arts et Métiers, Vienne / Museo dell'Arte et dell'Industria, Vienna

MASSE IN ZENTIMETERN

H = Höhe
D = Durchmesser
Do = Durchmesser oben
Du = Durchmesser unten
Dg = größter Durchmesser
L = Länge
T = Tiefe

DIMENSIONS EN CENTIMETRES

H = hauteur
D = diamètre
Ds = diamètre supérieur
Di = diamètre inférieur
Dm = diamètre maximum
L = longueur
E = épaisseur

DIMENSIONS IN CENTIMETRES

H = height
D = diameter
Dt = diameter at top
Db = diameter at bottom
Dm = max. diameter
L = length
W = width

MISURE IN CENTIMETRI

H = altezza
D = diametro
Ds = diametro superiore
Di = diametro inferiore
Dm = diametro massimo
Lu = lunghezza
La = larghezza

30 (cat. 1, p. 51)

1
SCHALE
Venini
„Vetro corroso“
Entwurf: für Triennale Mailand (1933), Ausführung später
Bez.: „venini mvrano MADE IN ITALY“
H 8,1, Do 13,1
ÖMAK, Inv. Gl 3600 (1986 inventarisiert)
Ausst.: Triennale Mailand 1933
Lit.: Gasparetto 1958, Abb. 157 („ciotola asimmetrica pesante corrosa. Fabbrica Venini. 1933“). – Polak 1962, Abb. 51a, S. 56 („vetro corroso“)

1
BOWL
Venini
"Vetro corroso"
Design for Milan Triennale (1933), executed later
Marking: "venini mvrano MADE IN ITALY"
H 8.1, Dt 13.1
ÖMAK, Inv. Gl 3600 (inventoried 1986)
Exhib.: Milan Triennale 1933
Lit.: Gasparetto 1958, Fig. 157 ("ciotola asimmetrica pesante corrosa. Fabbrica Venini. 1933"). – Polak 1962, Fig. 51a, p. 56 ("vetro corroso")

1
COUPE
Venini
« Vetro corroso »
Projet: pour la Triennale de Milan (1933), exécuté plus tard
Marque: « venini mvrano MADE IN ITALY »
H 8,1, Ds 13,1
ÖMAK, Inv. Gl 3600 (inventoriée en 1986)
Exposition: Triennale de Milan 1933
Bibl.: Gasparetto 1958, Fig. 157 (« ciotola asimmetrica pesante corrosa. Fabbrica Venini. 1933 »). – Polak 1962, Fig. 51a, p. 56 (« vetro corroso »)

1
CIOTOLA
Venini
« Vetro corroso »
Disegno: per la Triennale di Milano (1933), esecuzione in un secondo tempo
Rif.: « venini mvrano MADE IN ITALY »
H 8,1, Ds 13,1
ÖMAK, inv. Gl 3600 (inventariata 1986)
Esposizone: Triennale di Milano 1933
Lit.: Gasparetto 1958, fig. 157 (« ciotola asimmetrica pesante corrosa. Fabbrica Venini. 1933 »). – Polak 1962, fig. 51a, p. 56 (« vetro corroso »)

2
VASE
Venini
Geätzt, leicht irisierend, wohl „vetro corroso“
Bez.: „venini italia“
H 11,2
ÖMAK, Inv. Gl 3547 (1985 inventarisiert)

2
VASE
Venini
Etched, slightly iridescent, probably "vetro corroso"
Marking: "venini italia"
H 11.2
ÖMAK, Inv. Gl 3547 (inventoried 1985)

2
VASE
Venini
Travaillé à l'acide, légèrement irisé, probablement « vetro corroso »
Marque: « venini italia »
H 11,2
ÖMAK, Inv. Gl 3547 (inventorié en 1985)

2
VASO
Venini
Trattato con acidi, leggermente iridescente, « vetro corroso »
Rif.: « venini italia »
H 11,2
ÖMAK, inv. Gl 3547 (inventariato 1985)

3
SCHÄLCHEN, FLACH
Venini
H 2,3, Do 11,9
ÖMAK, Inv. Gl 3541 (1985 inventarisiert)
Lit.: Domus 314/1956, S. 45: Vasen und Schalen mit Streifendekor (in Blau und Rot)

3
COUPELLE, PLATE
Venini
H 2,3, Ds 11,9
ÖMAK, Inv. Gl 3541 (inventoriée en 1985)
Bibl.: Domus 314/1956, p. 45: vases et coupes décorés de rayures (en bleu et rouge)

4
SCHÄLCHEN
Venini
H 5,4, Do 10,2, Dg 10,6
ÖMAK, Inv. Gl 3542 (1985 inventarisiert)
Lit.: Domus 314/1956, S. 45: Vasen und Schalen mit Streifendekor (in Blau und Rot)

4
COUPELLE
Venini
H 5,4, Ds 10,2, Dm 10,6
ÖMAK, Inv. Gl 3542 (inventoriée en 1985)
Bibl.: Domus 314/1956, p. 45: vases et coupes décorés de rayures (en bleu et rouge)

5
FLASCHE MIT STÖPSEL
Venini
Bez.: „venini mvrano ITALIA"
Etikett: „VENINI MVRANO MADE IN ITALY N. 4497"
H 47,3, Do 4,6 (Mundrand), Dg 8,4
ÖMAK, Inv. Gl 3152 (inventar. 15. 1. 1958, Geschenk von Venini)
Ausst.: ÖMAK 1957
Lit.: Domus 361/1959, S. 41 (vergleichbare Form)

5
FLACON AVEC BOUCHON
Venini
Marque: «venini mvrano ITALIA»
Etiquette: «VENINI MVRANO MADE IN ITALY N. 4497»
H 47,3, Ds 4,6 (orifice), Dm 8,4
ÖMAK, Inv. Gl 3152 (inventorié le 15/1/1958, don de Venini)
Exposition: ÖMAK 1957
Bibl.: Domus 361/1959, p. 41 (forme similaire)

3
BOWL, FLAT
Venini
H 2.3, Dt 11.9
ÖMAK, Inv. Gl 3541 (inventoried 1985)
Lit.: Domus 314/1956, p. 45: vases and bowls with streaked ornamentation (in blue and red)

3
CIOTOLINA POCO PROFONDA
Venini
H 2,3, Ds 11,9
ÖMAK, inv. Gl 3541 (inventariata 1985)
Lit.: Domus 314/1956, p. 45: vasi e ciotole decorati a strisce (blu e rosso)

4
BOWL
Venini
H 5.4, Dt 10.2, Dm 10.6
ÖMAK, Inv. Gl 3542 (inventoried 1985)
Lit.: Domus 314/1956, p. 45: vases and bowls with streaked ornamentation (in blue and red)

4
CIOTOLINA
Venini
H 5,4, Ds 10,2, Dm 10,6
ÖMAK, inv. Gl 3542 (inventariata 1985)
Lit.: Domus 314/1956, p. 45: vasi e ciotole decorati a strisce (blu e rosso)

5
BOTTLE WITH STOPPER
Venini
Marking: "venini mvrano ITALIA"
Label: "VENINI MVRANO MADE IN ITALY N. 4497"
H 47.3, Dt 4.6 (lip), Dm 8.4
ÖMAK, Inv. Gl 3152 (inventoried 15/01/58, donation from Venini)
Exhib.: ÖMAK 1957
Lit.: Domus 361/1959, p. 41 (similar shape)

5
BOTTIGLIA CON TAPPO
Venini
Rif.: «venini mvrano ITALIA»
Etichetta: «VENINI MVRANO MADE IN ITALY N. 4497»
H 47,3, Ds 4,6 (orlo del collo), Dm 8,4
ÖMAK, inv. Gl 3152 (inventariata 15/1/1958, dono di Venini)
Esposizone: ÖMAK 1957
Lit.: Domus 361/1959, p. 41 (forma paragonabile)

31 (cat. 2, p. 51)

32 (cat. 3, p. 52)

33 (cat. 4, p. 52)

34 (cat. 5, p. 52)

35 (cat. 6, p. 57)

6
VASE
Venini
Bez.: „venini mvrano ITALIA"
Etikett: „VENINI MVRANO VENEZIA N. 4402 MADE IN ITALY"
H 20,3, oben 11,7 x 10,2, Du 6
ÖMAK, Inv. Gl 3179 (inventar. 15. 1. 1958, Geschenk von Venini)
Ausst.: ÖMAK 1957
Lit.: Nicodemi 1955, S. 20: Vasen „pezzati". – Venini 1957, Nr. 54: „Mosaikglas (colori P)" (andere Farben). – Domus 361/1959, S. 42 („Vaso in vetro pezzato", 1954). – Polak 1962, Abb. 64 A, S. 67 (Vase „in vetro pezzato", erstmals auf der Triennale Mailand 1951 ausgestellt)

6
VASE
Venini
Marking: "venini mvrano ITALIA"
Label: "VENINI MVRANO VENEZIA N. 4402 MADE IN ITALY"
H 20.3, top 11.7 x 10.2, Db 6
ÖMAK, Inv. Gl 3179 (inventoried 15/01/58, donation from Venini)
Exhib.: ÖMAK 1957
Lit.: Nicodemi 1955, p. 20: Vasen "pezzati". – Venini 1957, no. 54: "Mosaikglas (colori P)" (other colours). – Domus 361/1959, p. 42 ("Vaso in vetro pezzato", 1954). – Polak 1962, Fig. 64 A, p. 67 (Vase "in vetro pezzato", first exhibited at the Milan Triennale 1951)

6
VASE
Venini
Marque: « venini mvrano ITALIA »
Etiquette: « VENINI MVRANO VENEZIA N. 4402 MADE IN ITALY »
H 20,3, en haut 11,7 x 10,2, Di 6
ÖMAK, Inv. Gl 3179 (inventorié le 15/1/1958, don de Venini)
Exposition: ÖMAK 1957
Bibl.: Nicodemi 1955, p. 20: Vases « pezzati ». – Venini 1957, N° 54: « Mosaikglas (colori P) » (couleurs différentes). – Domus 361/1959, p. 42 (« Vaso in vetro pezzato », 1954). – Polak 1962, Fig. 64 A, p. 67 (Vase « in vetro pezzato », exposé pour la première fois à la Triennale de Milan en 1951)

6
VASO
Venini
Vetro pezzato
Rif.: « venini mvrano ITALIA »
Etichetta: « VENINI MVRANO VENEZIA N. 4402 MADE IN ITALY »
H 20,3, sopra 11,7 x 10,2, Di 6
ÖMAK, inv. Gl 3179 (inventariato 15/1/1958, dono di Venini)
Esposizone: ÖMAK 1957
Lit.: Nicodemi 1955, p. 20: vasi « pezzati ». – Venini 1957, n. 54: « vetro pezzato (colori P) » (altri colori). – Domus 361/1959, p. 42 (« Vaso in vetro pezzato », 1954). – Polak 1962, fig. 64 A, p. 67 (vaso « in vetro pezzato », esposto per la prima volta alla Triennale di Milano nel 1951)

7
SCHALE
Venini
Bez.: „venini mvrano ITALIA"
Etikett: „VENINI MVRANO MADE IN ITALY N. 4424"
H 6,1, Dg 25
ÖMAK, Inv. Gl 3148 (inventar. 15. 1. 1958, erworben von Venini um S 400,-)
Ausst.: ÖMAK 1957

7
COUPE
Venini
Marque: «venini mvrano ITALIA»
Etiquette: «VENINI MVRANO MADE IN ITALY N. 4424»
H 6,1, Dm 25
ÖMAK, Inv. Gl 3148 (inventoriée le 15/1/1958, achetée pour 400 Sch. autr. à Venini)
Exposition: ÖMAK 1957

8
FLASCHE MIT STÖPSEL
Venini
Bez.: „venini mvrano"
H 32, Dg 8,2 (Schulter)
ÖMAK, Inv. Gl 3233 (inventar. 28. 11. 1961, erworben von Rasper & Söhne um S 960,-)
Lit.: Domus 252-53/1950, S. 59 (vergleichbare Form)

8
FLACON AVEC BOUCHON
Venini
Marque: «venini mvrano»
H 32, Dm 8,2 (épaulement)
ÖMAK, Inv. Gl 3233 (inventorié le 28/11/1961, acheté pour 960 Sch. autr. à Rasper & Söhne, Vienne)
Bibl.: Domus 252-53/1950, p. 59 (forme similaire)

7
BOWL
Venini
Marking: "venini mvrano ITALIA"
Label: "VENINI MVRANO MADE IN ITALY N. 4424"
H 6.1, Dm 25
ÖMAK, Inv. Gl 3148 (inventoried 15/01/58, acquired from Venini for S 400.-)
Exhib.: ÖMAK 1957

7
CIOTOLA
Venini
Rif.: «venini mvrano ITALIA»
Etichetta: «VENINI MVRANO MADE IN ITALY N. 4424»
H 6,1, Dm 25
ÖMAK, inv. Gl 3148 (inventariata 15/1/1958, acquistata presso Venini per S 400,-)
Esposizone: ÖMAK 1957

8
BOTTLE WITH STOPPER
Venini
Marking: "venini mvrano"
H 32, Dm 8.2 (shoulder)
ÖMAK, Inv. Gl 3233 (inventoried 28/11/61, acquired from Rasper & Söhne, Vienna, for S 960.-)
Lit.: Domus 252-53/1950, p. 59 (similar shape)

8
BOTTIGLIA CON TAPPO
Venini
Rif.: «venini mvrano»
H 32, Dm 8,2 (spalla)
ÖMAK, inv. Gl 3233 (inventariata 28/11/1961, acquistata presso Rasper & Söhne per S 960,-)
Lit.: Domus 252-53/1950, p. 59 (forma paragonabile)

36 (cat. 7, p. 58)

37 (cat. 7, p. 58)

38 (cat. 8, p. 58)

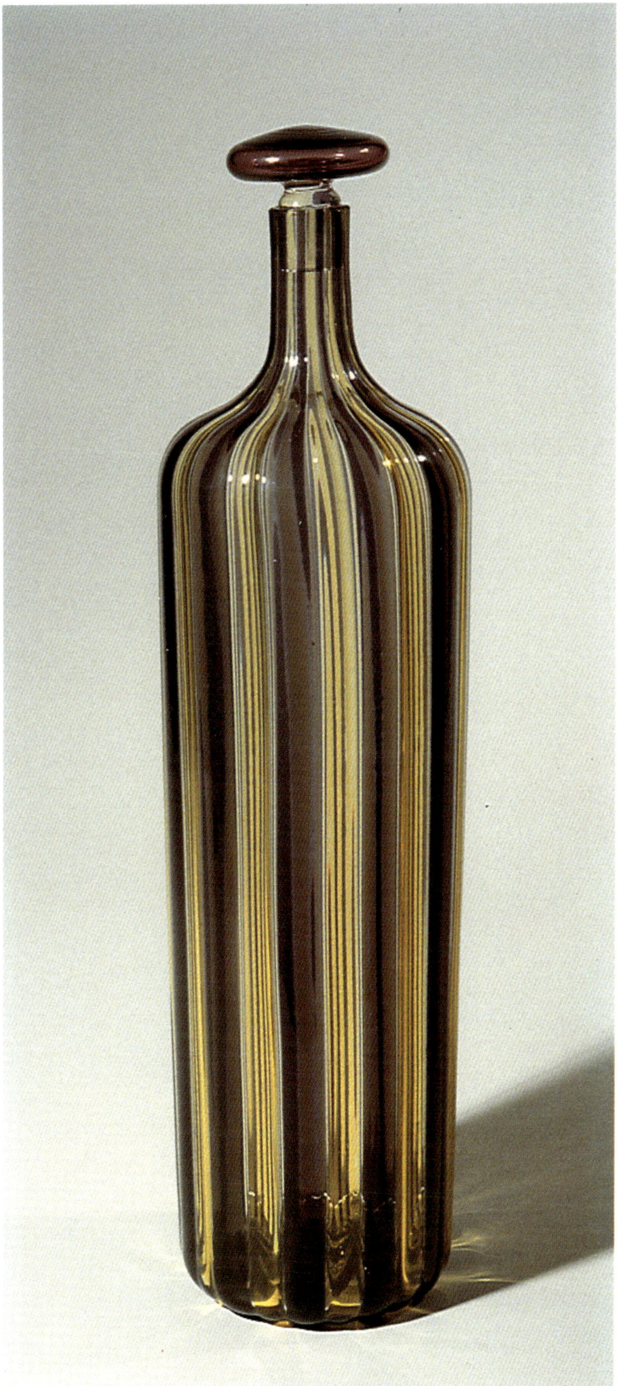

39 (cat. 8, p. 58)

40 (cat. 9, p. 63)

9
SCHALE
Venini
Bez.: „venini mvrano MADE IN ITALY“
H 10,5, L 32,8
ÖMAK, Inv. Gl 3601 (inventar. 1986)

9
COUPE
Venini
Marque: «venini mvrano MADE IN ITALY»
H 10,5, L 32,8
ÖMAK, Inv. Gl 3601 (inventoriée en 1986)

9
BOWL
Venini
Marking: "venini mvrano MADE IN ITALY"
H 10.5, L 32.8
ÖMAK, Inv. Gl 3601 (inventoried 1986)

9
CIOTOLA
Venini
Rif.: «venini mvrano MADE IN ITALY»
H 10,5, Lu 32,8
ÖMAK, inv. Gl 3601 (inventariata 1986)

10
SCHALE
Venini
Etikett: „VENINI MVRANO MADE IN ITALY N. 4132“
H 8,2, Do 19,8
ÖMAK, Inv. Gl 3146 (inventar. 15. 1. 1958, erworben von Venini um S 400,-)
Ausst.: ÖMAK 1957
Lit.: Domus 324/1956, S. 37. – Domus 361/1959, S. 39. – Venini 1957, Nr. 60: „Mosaikschale mit grünem Rand (murrina FM, bordo verde“ (gleiche Technik, etwas andere Form)

10
COUPE
Venini
Etiquette: «VENINI MVRANO MADE IN ITALY N. 4132»
H 8,2, Ds 19,8
ÖMAK, Inv. Gl 3146 (inventoriée le 15/1/1958, achetée pour 400 Sch. autr. à Venini)
Exposition: ÖMAK 1957
Bibl.: Domus 324/1956, p. 37. – Domus 361/1959, p. 39. – Venini 1957, N° 60: «Coupe en verre mosaïque à bord vert (murrina FM, bordo verde» (même technique, forme légèrement différente)

10
BOWL
Venini
Label: "VENINI MVRANO MADE IN ITALY N. 4132"
H 8.2, Dt 19.8
ÖMAK, Inv. Gl 3146 (inventoried 15/01/58, acquired from Venini for S 400.-)
Exhib.: ÖMAK 1957
Lit.: Domus 324/1956, p. 37. – Domus 361/1959, p. 39. – Venini 1957, no. 60: "Mosaik bowl with green edge (murrina FM, bordo verde" (same technique, slightly different shape)

10
CIOTOLA
Venini
Etichetta: «VENINI MVRANO MADE IN ITALY N. 4132»
H 8,2, Ds 19,8
ÖMAK, inv. Gl 3146 (inventariata 15/1/1958, acquistata presso Venini per S 400,-)
Esposizone: ÖMAK 1957
Lit.: Domus 324/1956, p. 37. – Domus 361/1959, p. 39. – Venini 1957, n. 60: «murrina FM, bordo verde» (tecnica uguale, forma leggermente diversa)

11
VASE
Venini
Etikett: „VENINI MVRANO MADE IN ITALY N. 3835"
H 24,8, oben 8,4 x 5,3
ÖMAK, Inv. Gl 3147 (inventar. 15. 1. 1958, erworben von Venini um S 380,-)
Ausst.: ÖMAK 1957
Lit.: Domus 332/1957, S. 43. – Venini 1957, Nr. 34: „Rosa blau schwarz gestreift (Scozzese ciclamo nero turchese)". – Nicodemi 1955, S. 13 (gleiche Technik, andere Form)

11
VASE
Venini
Etiquette: « VENINI MVRANO MADE IN ITALY N. 3835 »
H 24,8, en haut 8,4 x 5,3
ÖMAK, Inv. Gl 3147 (inventorié le 15/1/1958, acheté pour 380 Sch. autr. à Venini)
Exposition: ÖMAK 1957
Bibl.: Domus 332/1957, p. 43. – Venini 1957, N° 34: « Ecossais cyclamen, noir et turquoise (Scozzese ciclamo nero turchese) ». – Nicodemi 1955, p. 13 (même technique, forme différente)

12
VASE
Venini
Bez.: „venini mvrano ITALIA"
Etikett: „VENINI MVRANO MADE IN ITALY N. 3857"
H 34,3, Du 6,8, Dg 9,2
ÖMAK, Inv. Gl 3154 (inventar. 15. 1. 1958, Geschenk von Venini)
Ausst.: ÖMAK 1957
Lit.: Domus 305/1955, S. 52 („in vetro a filigrana", vergleichbare Technik). – Venini 1957, Nr. 62: „blau mit weißem Netz (oceano rete lattimo)". – Ernst o. J., Abb. 14 (verwandt, nicht identisch)

12
VASE
Venini
Marque: « venini mvrano ITALIA »
Etiquette: « VENINI MVRANO MADE IN ITALY N. 3857 »
H 34,3, Di 6,8, Dm 9,2
ÖMAK, Inv. Gl 3154 (inventorié le 15/1/1958, don de Venini)
Exposition: ÖMAK 1957
Bibl.: Domus 305/1955, p. 52 (« in vetro a filigrana », technique similaire). – Venini 1957, N° 62: « marine avec filet blanc (oceano rete lattimo) ». – Ernst o. J., Fig. 14 (du même type, mais pas identique)

11
VASE
Venini
Label: "VENINI MVRANO MADE IN ITALY N. 3835"
H 24.8, top 8.4 x 5.3
ÖMAK, Inv. Gl 3147 (inventoried 15/01/58, acquired from Venini for S 380.-)
Exhib.: ÖMAK 1957
Lit.: Domus 332/1957, p. 43. – Venini 1957, no. 34: "pink blue black stripes (Scozzese ciclamo nero turchese)". – Nicodemi 1955, p. 13 (same technique, slightly different shape)

11
VASO
Venini
Etichetta: « VENINI MVRANO MADE IN ITALY N. 3835 »
H 24,8, sopra 8,4 x 5,3
ÖMAK, inv. Gl 3147 (inventariato 15/1/1958, acquistato presso Venini per S 380,-)
Esposizone: ÖMAK 1957
Lit.: Domus 332/1957, p. 43. – Venini 1957, n. 34: « Scozzese ciclamo nero turchese ». – Nicodemi 1955, p. 13 (stessa tecnica – forma diversa)

12
VASE
Venini
Marking: "venini mvrano ITALIA"
Label: "VENINI MVRANO MADE IN ITALY N. 3857"
H 34.3, Db 6.8, Dm 9.2
ÖMAK, Inv. Gl 3154 (inventoried 15/01/58, donation from Venini)
Exhib.: ÖMAK 1957
Lit.: Domus 305/1955, p. 52 ("in vetro a filigrana", comparable technique). – Venini 1957, no. 62: "blue with white netting (oceano rete lattimo)". – Ernst o. J., Fig. 14 (similar, not identical

12
VASO
Venini
Rif.: « venini mvrano ITALIA »
Etichetta: « VENINI MVRANO MADE IN ITALY N. 3857 »
H 34,3, Di 6,8, Dm 9,2
ÖMAK, inv. Gl 3154 (inventariato 15/1/1958, dono di Venini)
Esposizone: ÖMAK 1957
Lit.: Domus 305/1955, p. 52 (« in vetro a filigrana », tecnica paragonabile). – Venini 1957, n. 62: « oceano rete lattimo ». – Ernst s. a. , fig. 14 (affine non identico)

41 (cat. 10, p. 63)

42 (cat. 10, p. 63)

43 (cat. 11, p. 64)

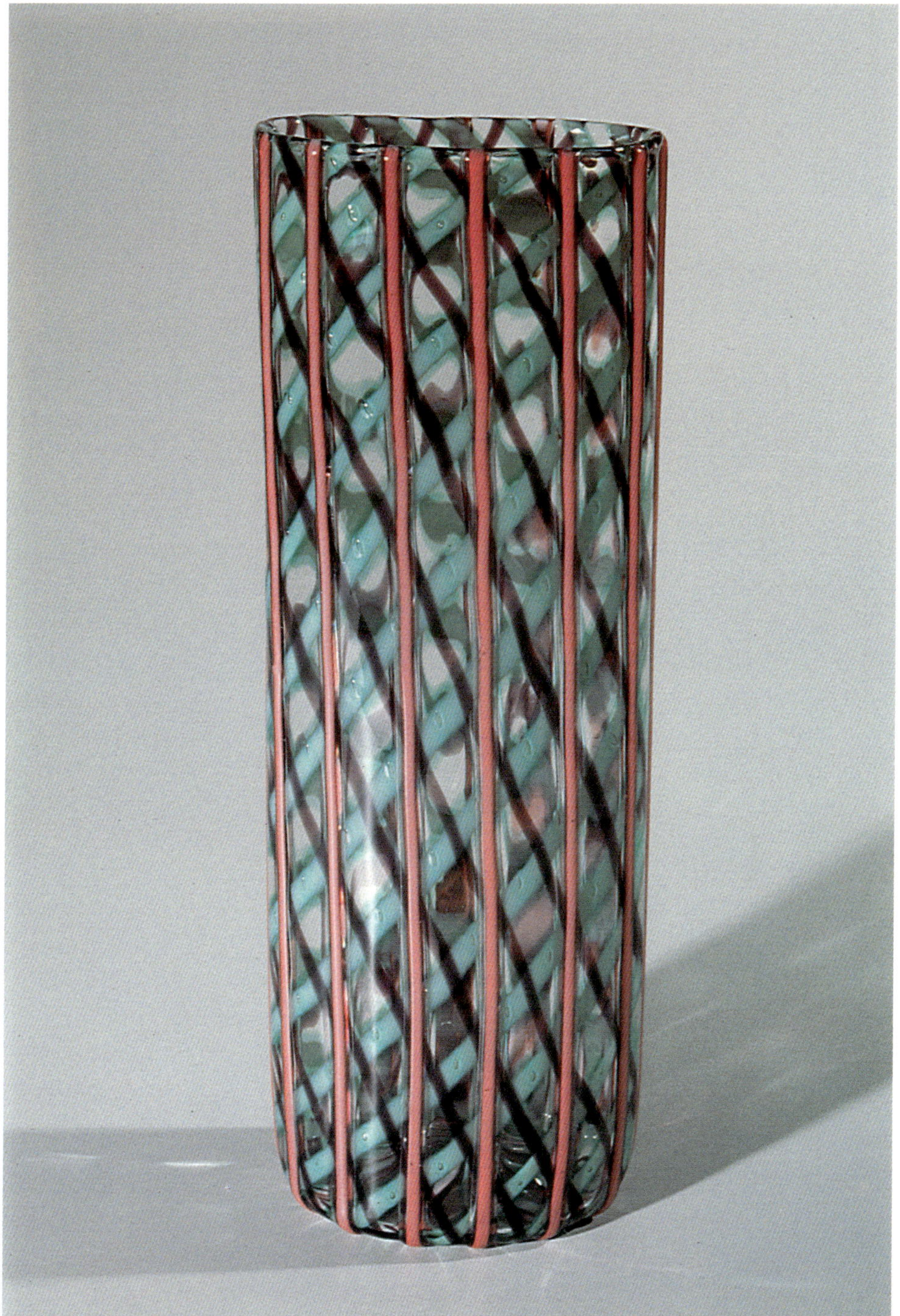

44 (cat. 11, p. 64)

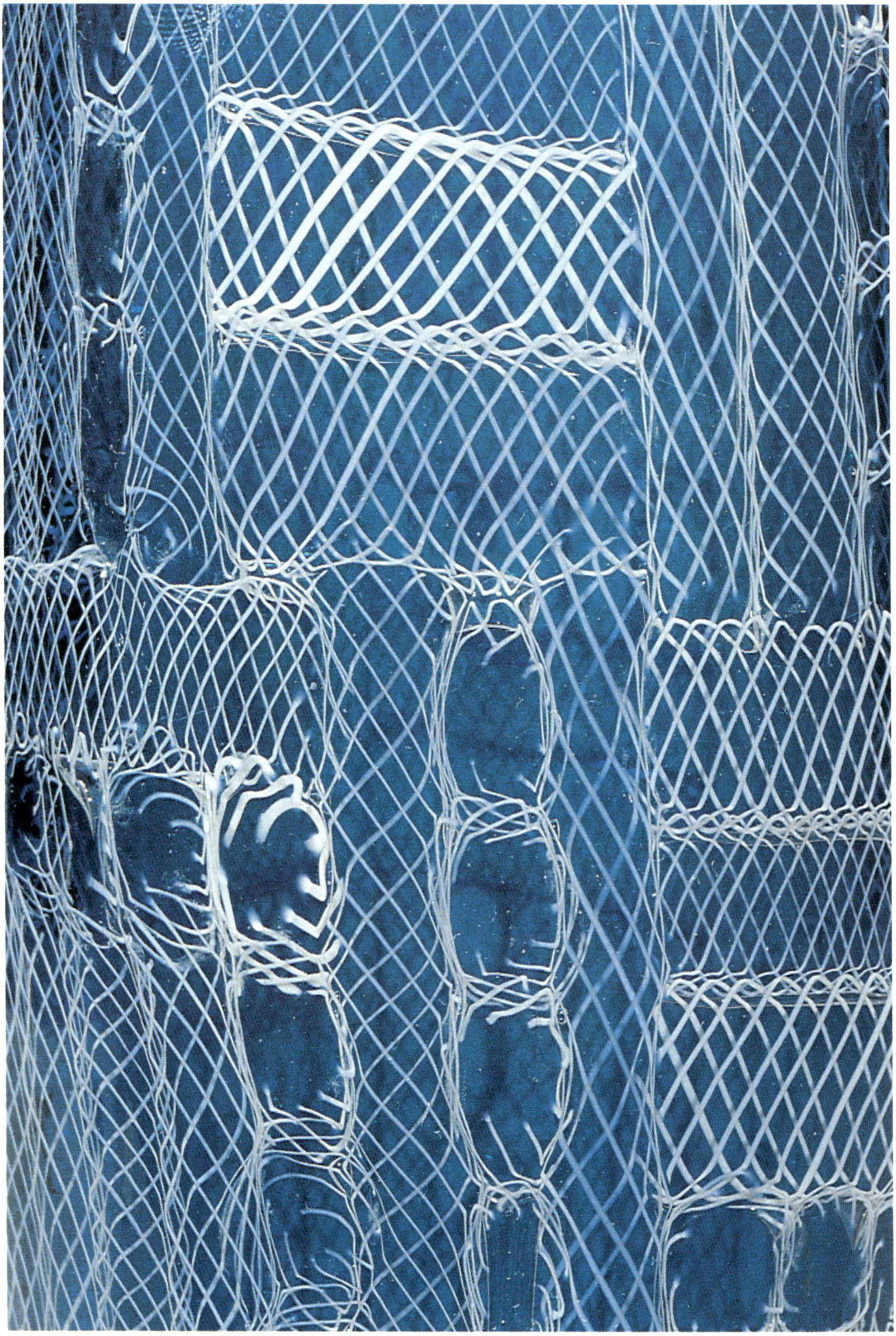

45 (cat. 12, p. 64)

46 (cat. 12, p. 64)

47 (cat. 13, p. 73)

48 (cat. 13, p. 73)

15
SCHALE („TASCHENTUCH“)
Venini
Etikett: „venini mvrano“ (Rest eines Klebeetiketts)
H 8,7
ÖMAK, Inv. Gl 3551 (1985 inventarisiert)

15
BOWL (“HANDKERCHIEF”)
Venini
Label: remains of a small adhesive label “venini mvrano”
H 8.7
ÖMAK, Inv. Gl 3551 (inventoried 1985)

15
COUPE («MOUCHOIR»)
Venini
Etiquette: reste d'une étiquette collée «venini mvrano»
H 8,7
ÖMAK, Inv. Gl 3551 (inventoriée en 1985)

15
CIOTOLA («FAZZOLETTO»)
Venini
Etichetta: resto di una etichetta adesiva («venini mvrano»)
H 8,7
ÖMAK, inv. Gl 3551 (inventariata 1985)

16
SCHALE
Venini
Bez.: „venini mvrano ITALIA“
H 5,3, oben 8,9 x 8,9
ÖMAK, Inv. Gl 3540 (1985 inventarisiert)

16
BOWL
Venini
Marking: “venini mvrano ITALIA”
H 5.3, top 8.9 x 8.9
ÖMAK, Inv. Gl 3540 (inventoried 1985)

16
COUPE
Venini
Marque: «venini mvrano ITALIA»
H 5,3, en haut 8,9 x 8,9
ÖMAK, Inv. Gl 3540 (inventoriée en 1985)

16
CIOTOLA
Venini
Rif.: «venini mvrano ITALIA»
H 5,3, sopra 8,9 x 8,9
ÖMAK, inv. Gl 3540 (inventariata 1985)

50 (cat. 15, p. 74)

51 (cat. 16, p. 74)

52 (cat. 16, p. 74)

53 (cat. 17, p. 79)

17
SCHALE „TASCHENTUCH"
Venini
Bez.: „venini mvrano ITALIA"
H 14,9
ÖMAK, Inv. Gl 3528 (1985 inventarisiert)
Lit.: Domus 252-53/1950, S. 59 (verwandte Objekte)

17
BOWL ("HANDKERCHIEF")
Venini
Marking: "venini mvrano ITALIA"
H 14.9
ÖMAK, Inv. Gl 3528 (inventoried 1985)
Lit.: Domus 252-53/1950, p. 59 (similar objects)

17
COUPE (« MOUCHOIR »)
Venini
Marque: « venini mvrano ITALIA »
H 14,9
ÖMAK, Inv. Gl 3528 (inventoriée en 1985)
Bibl.: Domus 252-53/1950, p. 59 (objets du même type)

17
CIOTOLA (« FAZZOLETTO »)
Venini
Rif.: « venini mvrano ITALIA »
H 14,9
ÖMAK, inv. Gl 3528 (inventariata 1985)
Lit.: Domus 252-53/1950, p. 59 (oggetti affini)

18
SCHALE
Venini
Entwurf: wohl Tyra Lundgren
Bez.: undeutlich „venini mvrano ITALIA"
H 3,5, L 13,7
ÖMAK, Inv. GI 3546 (1985 inventarisiert)
Lit.: Polak 1962, Abb. 65 B, S. 56 (Modell Tyra Lundgren, 1938)

18
BOWL
Venini
Design: probably Tyra Lundgren
Marking: unclear "venini mvrano ITALIA"
H 3.5, L 13.7
ÖMAK, Inv. GI 3546 (inventoried 1985)
Lit.: Polak 1962, Fig. 65 B, p. 56 (model Tyra Lundgren, 1938)

18
COUPE
Venini
Projet: probablement Tyra Lundgren
Marque: «venini mvrano ITALIA» peu lisible
H 3,5, L 13,7
ÖMAK, Inv. GI 3546 (inventoriée en 1985)
Bibl.: Polak 1962, Fig. 65 B, p. 56 (modèle de Tyra Lundgren, 1938)

18
CIOTOLA
Venini
Disegno: probabilmente Tyra Lundgren
Rif. poco chiara: «venini mvrano ITALIA»
H 3,5, Lu 13,7
ÖMAK, inv. GI 3546 (inventariata 1985)
Lit.: Polak 1962, fig. 65 B, p. 56 (modello Tyra Lundgren 1938)

19
SCHALE
Venini
Entwurf: wohl Tyra Lundgren
Bez.: „venini mvrano ITALIA"
Etikett: „VENINI MVRANO MADE IN ITALY N 2801"
H 4,6, L 31,8
ÖMAK, Inv. GI 3155 (inventar. 15. 1. 1958, Geschenk von Venini)
Ausst.: ÖMAK 1957

19
BOWL
Venini
Design: probably Tyra Lundgren
Marking: "venini mvrano ITALIA"
Label: "VENINI MVRANO MADE IN ITALY N 2801"
H 4.6, L 31.8
ÖMAK, Inv. GI 3155 (inventoried 15/01/58, donation from Venini)
Exhib.: ÖMAK 1957

19
COUPE
Venini
Projet: probablement Tyra Lundgren
Marque: «venini mvrano ITALIA»
Etiquette: «VENINI MVRANO MADE IN ITALY N 2801»
H 4,6, L 31,8
ÖMAK, Inv. GI 3155 (inventoriée le 15/1/1958, don de Venini)
Exposition: ÖMAK 1957

19
CIOTOLA
Venini
Disegno: probabilmente Tyra Lundgren
Rif.: «venini mvrano ITALIA»
Etichetta: «VENINI MVRANO MADE IN ITALY N 2801»
H 4,6, Lu 31,8
ÖMAK, inv. GI 3155 (inventariata 15/1/1958, dono di Venini)
Esposizone: ÖMAK 1957

54 (cat. 18, p. 80)

55 (cat. 19, p. 80)

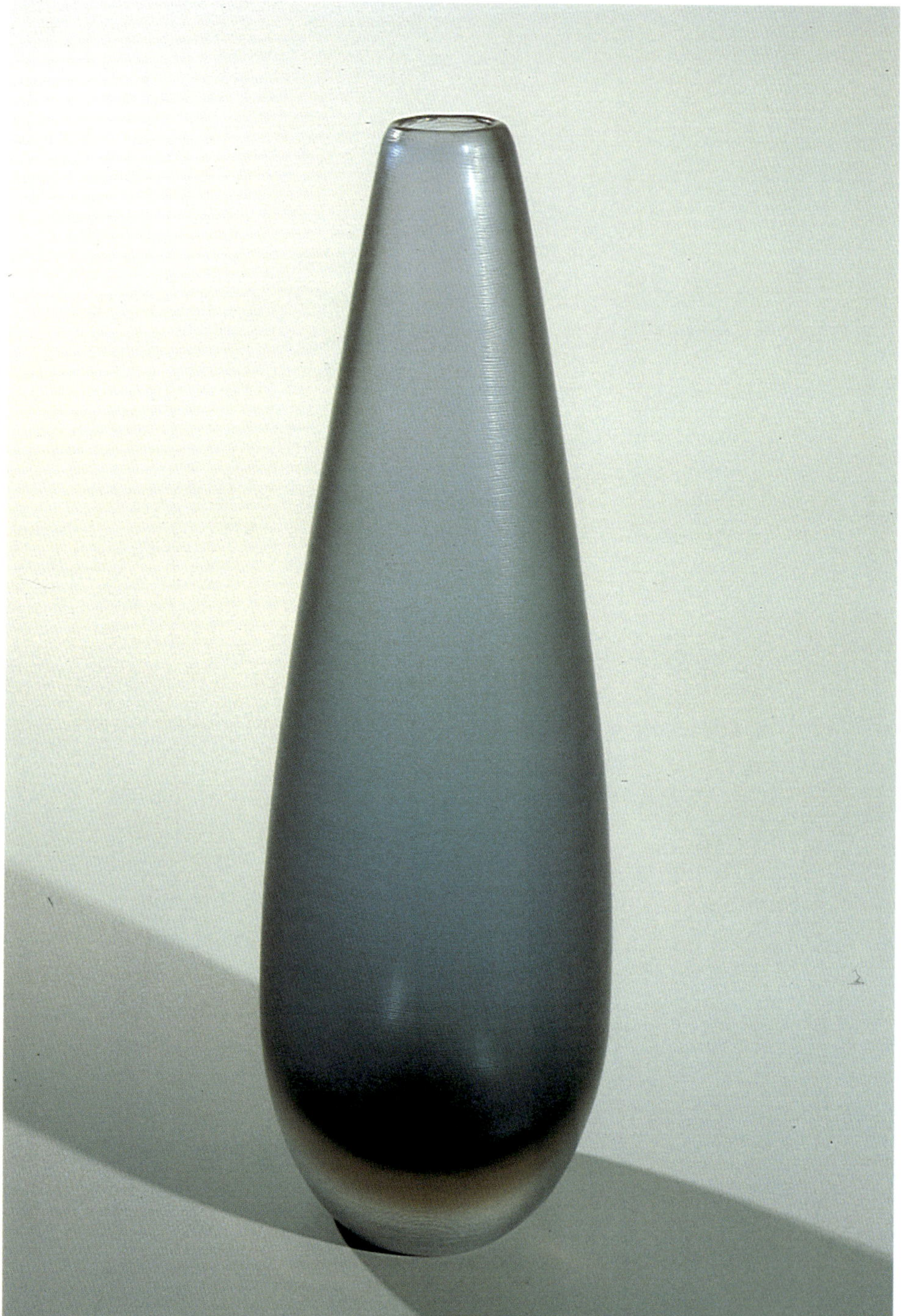

56 (cat. 20, p. 85)

57 (cat. 21, p. 85)

58 (cat. 22, p. 86)

20
VASE
Venini
Bez.: „venini mvrano ITALIA"
Etikett: „VENINI MVRANO MADE IN ITALY N. 4808"
H 32,4, Do 3, Du 6,2 Dg 10,5
ÖMAK, Inv. Gl 3150 (inventar. 15. 1. 1958, Geschenk von Venini)
Ausst.: ÖMAK 1957
Lit.: Venini 1957, Nr. 79: „hellgrün geschnitten (acerbo incise velato)"

20
VASE
Venini
Marking: "venini mvrano ITALIA"
Label: "VENINI MVRANO MADE IN ITALY N. 4808"
H 32.4, Dt 3, Db 6.2, Dm 10.5
ÖMAK, Inv. Gl 3150 (inventoried 15/01/58, donation from Venini)
Exhib.: ÖMAK 1957
Lit.: Venini 1957, no. 79: "pale green, cut (acerbo incise velato)"

20
VASE
Venini
Marque: « venini mvrano ITALIA »
Etiquette: « VENINI MVRANO MADE IN ITALY N. 4808 »
H 32,4, Ds 3, Di 6,2 Dm 10,5
ÖMAK, Inv. Gl 3150 (inventorié le 15/1/1958, don de Venini)
Exposition: ÖMAK 1957
Bibl.: Venini 1957, N° 79: « vert pâle, taillé (acerbo incise velato) »

20
VASO
Venini
Rif.: « venini mvrano ITALIA »
Etichetta: « VENINI MVRANO MADE IN ITALY N. 4808 »
H 32,4, Ds 3, Di 6,2 Dm 10,5
ÖMAK, inv. Gl 3150 (inventariato 15/1/1958, dono di Venini)
Esposizone: ÖMAK 1957
Lit.: Venini 1957, n. 79: « acerbo incise velato »

21
VASE
Venini
Bez.: „venini mvrano ITALIA"
Etikett: „VENINI MVRANO VENEZIA N. 3858 MADE IN ITALY"
H 27,5
ÖMAK, Inv. Gl 3178 (inventar. 15. 1. 1958, Geschenk von Venini)
Ausst.: ÖMAK 1957
Lit.: Venini 1957, Nr. 84: „stahlblau geschnitten (ferro incise velato)"

21
VASE
Venini
Marking: "venini mvrano ITALIA"
Label: "VENINI MVRANO VENEZIA N. 3858 MADE IN ITALY"
H 27.5
ÖMAK, Inv. Gl 3178 (inventoried 15/01/58, donation from Venini)
Exhib.: ÖMAK 1957
Lit.: Venini 1957, no. 84: "steel blue, cut (ferro incise velato)"

21
VASE
Venini
Marque: « venini mvrano ITALIA »
Etiquette: « VENINI MVRANO VENEZIA N. 3858 MADE IN ITALY »
H 27,5
ÖMAK, Inv. Gl 3178 (inventorié le 15/1/1958, don de Venini)
Exposition: ÖMAK 1957
Bibl.: Venini 1957, N° 84: « bleu acier, taillé (ferro incise velato) »

21
VASO
Venini
Rif.: « venini mvrano ITALIA »
Etichetta: « VENINI MVRANO VENEZIA N. 3858 MADE IN ITALY »
H 27,5
ÖMAK, inv. Gl 3178 (inventariato 15/1/1958, dono di Venini)
Esposizone: ÖMAK 1957
Lit.: Venini 1957, n. 84: « ferro incise velato »

22
VASE
Venini
Bez.: „venini mvrano ITALIA"
Etikett: „VENINI MVRANO MADE IN ITALY N. 3899"
H 42,8, größte Ausdehnung 14,1 x 8,6, 6,7 x 5,8 (oben)
ÖMAK, Inv. GI 3149 (inventar. 15. 1. 1958, Geschenk von Venini)
Ausst.: ÖMAK 1957
Lit.: Domus 325/1956, S. 39 (verschiedene Formen in vergleichbarer Technik: „in vetro pesante inciso, a colori diversi sovrapposti")

22
VASE
Venini
Marking: "venini mvrano ITALIA"
Label: "VENINI MVRANO MADE IN ITALY N. 3899"
H 42.8, maximum extent 14.1 x 8.6, 6.7 x 5.8 (top)
ÖMAK, Inv. GI 3149 (inventoried 15/01/58, donation from Venini)
Exhib.: ÖMAK 1957
Lit.: Domus 325/1956, p. 39 (different shapes with similar technique: "in vetro pesante inciso, a colori diversi sovrapposti"

22
VASE
Venini
Marque: «venini mvrano ITALIA»
Etiquette: «VENINI MVRANO MADE IN ITALY N. 3899»
H 42,8, plus grande dimension 14,1 x 8,6, 6,7 x 5,8 (en haut)
ÖMAK, Inv. GI 3149 (inventorié le 15/1/1958, don de Venini)
Exposition: ÖMAK 1957
Bibl.: Domus 325/1956, p. 39 (différentes formes traitées selon une technique similaire: «in vetro pesante inciso, a colori diversi sovrapposti»)

22
VASO
Venini
Rif.: «venini mvrano ITALIA»
Etichetta: «VENINI MVRANO MADE IN ITALY N. 3899»
H 42,8, larg. massima 14,1 x 8,6, 6,7 x 5,8 (sopra)
ÖMAK, inv. GI 3149 (inventariato 15/1/1958, dono di Venini)
Esposizone: ÖMAK 1957
Lit.: Domus 325/1956, p. 39 (diverse forme a tecnica comparabile: «in vetro pesante inciso, a colori diversi sovrapposti»)

23
VASE
Venini
Bez.: „venini mvrano ITALIA"
H 38,8, oben 9 x 6,3, unten 6,7 x 5,6, größte Ausdehnung: 10,2 x 7,7
ÖMAK, Inv. GI 3151 (inventar. 15. 1. 1958, Geschenk von Venini)
Ausst.: ÖMAK 1957

23
VASE
Venini
Marking: "venini mvrano ITALIA"
H 38.8, top 9 x 6.3, bottom 6.7 x 5.6, maximum extent: 10.2 x 7.7
ÖMAK, Inv. GI 3151 (inventoried 15/01/58, donation from Venini)
Exhib.: ÖMAK 1957

23
VASE
Venini
Marque: «venini mvrano ITALIA»
H 38,8, en haut 9 x 6,3, en bas 6,7 x 5,6, plus grande dimension 10,2 x 7,7
ÖMAK, Inv. GI 3151 (inventorié le 15/1/1958, don de Venini)
Exposition: ÖMAK 1957

23
VASO
Venini
Rif.: «venini mvrano ITALIA»
H 38,8, sopra 9 x 6,3, sotto 6,7 x 5,6, larg. massima: 10,2 x 7,7
ÖMAK, inv. GI 3151 (inventariato 15/1/1958, dono di Venini)
Esposizone: ÖMAK 1957

59 (cat. 23, p. 86)

60 (cat. 24, p. 90)

61 (cat. 25, p. 91)

62 (cat. 26, p. 91)

24
SCHALE
Venini
Bez.: undeutlicher Rundstempel
Etikett: „PORZELLAN RASPER & SÖHNE WIEN“
H 8,8, oben 13,5 x 13,5
ÖMAK, Inv. Gl 3235 (inventar. 28. 11. 1961, erworben von Rasper & Söhne, Wien, um S 430,-)

24
CIOTOLA
Venini
Rif.: timbro tondo poco chiaro
Etichetta: « PORZELLAN RASPER & SÖHNE WIEN »
H 8,8, sopra 13,5 x 13,5
ÖMAK, inv. Gl 3235 (inventariata 28/11/1961, acquistata presso Rasper & Söhne, Wien, per S 430,-)

24
COUPE
Venini
Marque: timbre rond difficilement identifiable
Etiquette: « PORZELLAN RASPER & SÖHNE WIEN »
H 8,8, en haut 13,5 x 13,5
ÖMAK, Inv. Gl 3235 (inventoriée le 28/11/1961, achetée pour 430 Sch. aut. à Rasper & Söhne, Vienne)

24
VASE
Venini
Marking: unclear circular stamp
Label: "PORZELLAN RASPER & SÖHNE WIEN“
H 8.8, top 13.5 x 13.5
ÖMAK, Inv. Gl 3235 (inventoried 28/11/61, acquired from Rasper & Söhne, Vienna, for S 430.-)

25
VASE
Venini
Bez.: „venini mvrano ITALIA“
Etikett: „VENINI MVRANO MADE IN ITALY N. 4813“
H 44,7, Do 8,3, Dg 21,6
ÖMAK, Inv. Gl 3145 (inventar. 15. 1. 1958, erworben von Venini um S 1.150,-)
Ausst.: ÖMAK 1957

25
VASE
Venini
Marking: “venini mvrano ITALIA”
Label: “VENINI MVRANO MADE IN ITALY N. 4813”
H 44.7, Dt 8.3, Dm 21.6
ÖMAK, Inv. Gl 3145 (inventoried 15/01/58, acquired from Venini for S 1,150.-)
Exhib.: ÖMAK 1957

25
VASE
Venini
Marque: « venini mvrano ITALIA »
Etiquette: « VENINI MVRANO MADE IN ITALY N. 4813 »
H 44,7, Ds 8,3, Dm 21,6
ÖMAK, Inv. Gl 3145 (inventorié le 15/1/1958, acheté pour 1.150 Sch. autr. à Venini)
Exposition: ÖMAK 1957

25
VASO
Venini
Rif.: « venini mvrano ITALIA »
Etichetta: « VENINI MVRANO MADE IN ITALY N. 4813 »
H 44,7, Ds 8,3, Dm 21,6
ÖMAK, inv. Gl 3145 (inventariato 15/1/1958, acquistato presso Venini per S 1.150,-)
Esposizone: ÖMAK 1957

26
SCHALE
Venini
Bez.: „venini mvrano ITALIA“
Etikett: „VENINI MVRANO MADE IN ITALY N. 4801“
H 10,6, oben 23,6 x 17,4, unten (Standfläche) 9,3 x 6,9
ÖMAK, Inv. Gl 3153 (inventar. 15. 1. 1958, Geschenk Venini)
Ausst.: ÖMAK 1957
Lit.: Venini 1957, Nr. 69 „wasserblau geschnitten (acqua incise velato)“

26
BOWL
Venini
Marking: “venini mvrano ITALIA”
Label: “VENINI MVRANO MADE IN ITALY N. 4801”
H 10.6, top 23.6 x 17.4, bottom (base) 9.3 x 6.9
ÖMAK, Inv. Gl 3153 (inventoried 15/01/58, Geschenk Venini)
Exhib.: ÖMAK 1957
Lit.: Venini 1957, no. 69 “water blue, cut (acqua incise velato)”

26
COUPE
Venini
Marque: « venini mvrano ITALIA »
Etiquette: « VENINI MVRANO MADE IN ITALY N. 4801 »
H 10,6, en haut 23,6 x 17,4, en bas (base) 9,3 x 6,9
ÖMAK, Inv. Gl 3153 (inventoriée le 15/1/1958, don de Venini)
Exposition: ÖMAK 1957
Bibl.: Venini 1957, N° 69 « bleu, taillé (acqua incise velato) »

26
CIOTOLA
Venini
Rif.: « venini mvrano ITALIA »
Etichetta: « VENINI MVRANO MADE IN ITALY N. 4801 »
H 10,6, sopra 23,6 x 17,4, sotto (superficie d'appoggio) 9,3 x 6,9
ÖMAK, inv. Gl 3153 (inventariata 15/1/1958, dono di Venini)
Esposizone: ÖMAK 1957
Lit.: Venini 1957, n. 69 « acqua incise velato »

27
VASE
Seguso Vetri d'Arte
Entwurf: Flavio Poli
Bez.: „seguso Murano"
H 14, L 12,2, T 6,3
ÖMAK, Inv. Gl 3161 (inventar. Juni 1958, 11 Gläser – Inv. Gl 3160-3170 – erworben von Seguso Vetri d'Arte um Lire 213.000,-)
Ausst.: ÖMAK 1958
Lit.: Domus 262/1951, S. 31 (vergleichbare Form). – Domus 302/1955, S. 67. – Nicodemi 1955, Taf. 2 („Valve in vetro soffiato nei colori smeraldo e topazio, grigio e rosa, ametista e topazio"). – Gasparetto 1958, Abb. 187 (nach S. 176) („Vetri ametista", 1954). – Mariacher 1967, Abb. S. 141, Text S. 225 (vergleichbare Form, andere Farben)

27
VASE
Seguso Vetri d'Arte
Design: Flavio Poli
Marking: "seguso Murano"
H 14, L 12.2, W 6.3
ÖMAK, Inv. Gl 3161 (inventoried June 1958, 11 glasses – Inv. Gl 3160-3170 – acquired from Seguso Vetri d'Arte for Lire 213,000.-)
Exhib.: ÖMAK 1958
Lit.: Domus 262/1951, p. 31 (similar shape). – Domus 302/1955, p. 67. – Nicodemi 1955, pl. 2 ("Valve in vetro soffiato nei colori smeraldo e topazio, grigio e rosa, ametista e topazio"). – Gasparetto 1958, Fig. 187 (after p. 176) ("Vetri ametista", 1954). – Mariacher 1967, Fig. p. 141, text p. 225 (similar shape, different colours)

27
VASE
Seguso Vetri d'Arte
Projet: Flavio Poli
Marque: « seguso Murano »
H 14, L 12,2, E 6,3
ÖMAK, Inv. Gl 3161 (inventorié en juin 1958, 11 objets en verre – Inv. Gl 3160-3170 – achetés à Seguso Vetri d'Arte pour 213.000 lires)
Exposition: ÖMAK 1958
Bibl.: Domus 262/1951, p. 31 (formes similaires). – Domus 302/1955, p. 67. – Nicodemi 1955, planche 2 (« Valve in vetro soffiato nei colori smeraldo e topazio, grigio e rosa, ametista e topazio »). – Gasparetto 1958, Fig. 187 (après p. 176) (« Vetri ametista », 1954). – Mariacher 1967, Fig. p. 141, texte p. 225 (forme similaire, couleurs différentes)

27
VASO
Seguso Vetri d'Arte
Disegno: Flavio Poli
Rif.: « seguso Murano »
H 14, Lu 12,2, La 6,3
ÖMAK, inv. Gl 3161 (inventariato giugno 1958, 11 vetri – inv. Gl 3160-3170 – acquistati presso Seguso Vetri d'Arte per lire 213.000,-)
Esposizone: ÖMAK 1958
Lit.: Domus 262/1951, p. 31 (forma paragonabile). – Domus 302/1955, p. 67. – Nicodemi 1955, tav. 2 (« Valve in vetro soffiato nei colori smeraldo e topazio, grigio e rosa, ametista e topazio »). – Gasparetto 1958, fig. 187 (dopo p. 176) (« Vetri ametista », 1954). – Mariacher 1967, fig. p. 141, testo p. 225 (forma paragonabile, colori diversi)

63 (cat. 27, p. 92)

64 (cat. 28, p. 94)

28
SCHALE
Seguso Vetri d'Arte
Entwurf: Flavio Poli, 1957
Bez.: „Seguso Murano"
Etikett: „SEGUSO VETRI D'ARTE MURANO GLASS MADE IN ITALY 11899" (undeutlich)
H 17, oben 58,5 x 21,6
ÖMAK, Inv. Gl 3162 (inventar. Juni 1958, 11 Gläser – Inv. Gl 3160-3170 – erworben von Seguso Vetri d'Arte um Lire 213.000,-)
Ausst.: ÖMAK 1958
Lit.: Domus 338/1958, S. 43, 44. – Polak 1962, Abb. 66 B, S. 67

28
BOWL
Seguso Vetri d'Arte
Design: Flavio Poli, 1957
Marking: "Seguso Murano"
Label: "SEGUSO VETRI D'ARTE MURANO GLASS MADE IN ITALY 11899" (unclear)
H 17, top 58.5 x 21.6
ÖMAK, Inv. Gl 3162 (inventoried June 1958, 11 glasses – Inv. Gl 3160-3170 – acquired from Seguso Vetri d'Arte for Lire 213,000.-)
Exhib.: ÖMAK 1958
Lit.: Domus 338/1958, p. 43, 44. – Polak 1962, Fig. 66 B, p. 67

28
COUPE
Seguso Vetri d'Arte
Projet: Flavio Poli, 1957
Marque: « Seguso Murano »
Etiquette: « SEGUSO VETRI D'ARTE MURANO GLASS MADE IN ITALY 11899 » (en partie effacé)
H 17, en haut 58,5 x 21,6
ÖMAK, Inv. Gl 3162 (inventoriée en juin 1958, 11 objets en verre – Inv. Gl 3160-3170 – achetés à Seguso Vetri d'Arte pour 213.000 lires)
Exposition: ÖMAK 1958
Bibl.: Domus 338/1958, p. 43, 44. – Polak 1962, Fig. 66 B, p. 67

28
CIOTOLA
Seguso Vetri d'Arte
Disegno: Flavio Poli, 1957
Rif.: « Seguso Murano »
Etichetta: « SEGUSO VETRI D'ARTE MURANO GLASS MADE IN ITALY 11899 » (undeutlich)
H 17, sopra 58,5 x 21,6
ÖMAK, inv. Gl 3162 (inventariata giugno 1958, 11 vetri – inv. Gl 3160-3170 – acquistati presso Seguso Vetri d'Arte per lire 213.000,-)
Esposizone: ÖMAK 1958
Lit.: Domus 338/1958, pp. 43, 44. – Polak 1962, fig. 66 B, p. 67

65 (cat. 29, p. 96, 97)

66 (cat. 30, p. 97)

29
VASE
Seguso Vetri d'Arte
Entwurf: Flavio Poli
Bez.: „Seguso Murano"
Etikett: „SEGUSO VETRI D'ARTE MURANO GLASS MADE IN ITALY 11902" (beschädigt)
H 33,5, oben 3,3 x 2,3, unten 9 x 5,6
ÖMAK, Inv. Gl 3160 (inventar. Juni 1958, 11 Gläser – Inv. Gl 3160-3170 – erworben von Seguso Vetri d'Arte um Lire 213.000,-)
Ausst.: ÖMAK 1958
Lit.: Domus 338/1958, S. 43 (verwandte Form). – Venezianisches Glas 1981, Abb. 30, Kat. Nr. 164 (Überfangglas, Flavio Poli, 1954)

29
VASE
Seguso Vetri d'Arte
Design: Flavio Poli
Marking: "Seguso Murano"
Label: "SEGUSO VETRI D'ARTE MURANO GLASS MADE IN ITALY 11902" (damaged)
H 33.5, top 3.3 x 2.3, bottom 9 x 5.6
ÖMAK, Inv. Gl 3160 (inventoried June 1958, 11 glasses – Inv. Gl 3160-3170 – acquired from Seguso Vetri d'Arte for Lire 213,000.-)
Exhib.: ÖMAK 1958
Lit.: Domus 338/1958, p. 43 (similar shape). – Venezianisches Glas 1981, Fig. 30, cat. no. 164 (cased glass, Flavio Poli, 1954)

29
VASE
Seguso Vetri d'Arte
Projet: Flavio Poli
Marque: «Seguso Murano»
Etiquette: «SEGUSO VETRI D'ARTE MURANO GLASS MADE IN ITALY 11902» (abimée)
H 33,5, en haut 3,3 x 2,3, en bas 9 x 5,6
ÖMAK, Inv. Gl 3160 (inventorié en juin 1958, 11 objets en verre – Inv. Gl 3160-3170 – achetés à Seguso Vetri d'Arte pour 213.000 lires)
Exposition: ÖMAK 1958
Bibl.: Domus 338/1958, p. 43 (forme similaire. – Venezianisches Glas 1981, Fig. 30, N° de cat. 164 (verre à plusieurs couches, Flavio Poli, 1954)

29
VASO
Seguso Vetri d'Arte
Disegno: Flavio Poli
Rif.: «Seguso Murano»
Etichetta: «SEGUSO VETRI D'ARTE MURANO GLASS MADE IN ITALY 11902» (danneggiato)
H 33,5, sopra 3,3 x 2,3, sotto 9 x 5,6
ÖMAK, inv. Gl 3160 (inventariato giugno 1958, 11 vetri – inv. Gl 3160-3170 – acquistati presso Seguso Vetri d'Arte per lire 213.000,-)
Esposizone: ÖMAK 1958
Lit.: Domus 338/1958, p. 43 (forma affine). – Venezianisches Glas 1981, fig. 30, cat. n. 164 (vetro placcato, Flavio Poli 1954)

30
SCHALE
Seguso Vetri d'Arte
Entwurf: Flavio Poli
Bez.: „Seguso Murano"
H 6,3, oben 14,7 x 14,3
ÖMAK, Inv. Gl 3167 (inventar. Juni 1958, 11 Gläser – Inv. Gl 3160-3170 – erworben von Seguso Vetri d'Arte um Lire 213.000,-)
Ausst.: ÖMAK 1958
Lit.: Nicodemi 1955, Taf. 2 („Ciotola in vetro soffiato di grosso spessore, a zone concentriche, colore ametista, topazio e grigio. Dis. Flavio Poli, Murano")

30
BOWL
Seguso Vetri d'Arte
Design: Flavio Poli
Marking: "Seguso Murano"
H 6.3, top 14.7 x 14.3
ÖMAK, Inv. Gl 3167 (inventoried June 1958, 11 glasses – Inv. Gl 3160-3170 – acquired from Seguso Vetri d'Arte for Lire 213,000.-)
Exhib.: ÖMAK 1958
Lit.: Nicodemi 1955, pl. 2 ("Ciotola in vetro soffiato di grosso spessore, a zone concentriche, colore amtetista, topazio e grigio. Dis. Flavio Poli, Murano")

30
COUPE
Seguso Vetri d'Arte
Projet: Flavio Poli
Marque: «Seguso Murano»
H 6,3, en haut 14,7 x 14,3
ÖMAK, Inv. Gl 3167 (inventoriée en juin 1958, 11 objets en verre – Inv. Gl 3160-3170 – achetés à Seguso Vetri d'Arte pour 213.000 lires)
Exposition: ÖMAK 1958
Bibl.: Nicodemi 1955, planche 2 («Ciotola in vetro soffiato di grosso spessore, a zone concentriche, colore ametista, topazio e grigio. Dis. Flavio Poli, Murano»)

30
CIOTOLA
Seguso Vetri d'Arte
Disegno: Flavio Poli
Rif.: «Seguso Murano»
H 6,3, sopra 14,7 x 14,3
ÖMAK, inv. Gl 3167 (inventariata giugno 1958, 11 vetri – inv. Gl 3160-3170 – acquistati presso Seguso Vetri d'Arte per lire 213.000,-)
Esposizone: ÖMAK 1958
Lit.: Nicodemi 1955, tav. 2 («ciotola in vetro soffiato di grosso spessore, a zone concentriche, colore ametista, topazio e grigio. Dis. Flavio Poli, Murano»)

31
VASE
Seguso Vetri d'Arte
Entwurf: wohl Flavio Poli
Bez.: „Seguso Murano"
H 16,4, oben 8 x 4,7
ÖMAK, Inv. Gl 3163 (inventar. Juni 1958, 11 Gläser – Inv. Gl 3160-3170 – erworben von Seguso Vetri d'Arte um Lire 213.000,-)
Ausst.: ÖMAK 1958
Lit.: Domus 338/1958, S. 43

31
VASE
Seguso Vetri d'Arte
Design: probably Flavio Poli
Marking: "Seguso Murano"
H 16.4, top 8 x 4.7
ÖMAK, Inv. Gl 3163 (inventoried June 1958, 11 glasses – Inv. Gl 3160-3170 – acquired from Seguso Vetri d'Arte for Lire 213,000.-)
Exhib.: ÖMAK 1958
Lit.: Domus 338/1958, p. 43

31
VASE
Seguso Vetri d'Arte
Projet: probablement Flavio Poli
Marque: « Seguso Murano »
H 16,4, en haut 8 x 4,7
ÖMAK, Inv. Gl 3163 (inventorié en juin 1958, 11 objets en verre – Inv. Gl 3160-3170 – achetés à Seguso Vetri d'Arte pour 213.000 lires)
Exposition: ÖMAK 1958
Bibl.: Domus 338/1958, p. 43

31
VASO
Seguso Vetri d'Arte
Disegno: probabilmente Flavio Poli
Rif.: « Seguso Murano »
H 16,4, sopra 8 x 4,7
ÖMAK, inv. Gl 3163 (inventariato giugno 1958, 11 vetri – inv. Gl 3160-3170 – acquistati presso Seguso Vetri d'Arte per lire 213.000,-)
Esposizone: ÖMAK 1958
Lit.: Domus 338/1958, p. 43

32
VASE
Seguso Vetri d'Arte
Entwurf: wohl Flavio Poli
Bez.: „seguso Murano"
H 15,7, oben 20,2 x 7,1, unten (Standfläche) ca. 5 x 3,7
ÖMAK, Inv. Gl 3165 (inventar. Juni 1958, 11 Gläser – Inv. Gl 3160-3170 – erworben von Seguso Vetri d'Arte um Lire 213.000,-)
Ausst.: ÖMAK 1958

32
VASE
Seguso Vetri d'Arte
Design: probably Flavio Poli
Marking: "seguso Murano"
H 15.7, top 20.2 x 7.1, bottom (base), approx. 5 x 3.7
ÖMAK, Inv. Gl 3165 (inventoried June 1958, 11 glasses – Inv. Gl 3160-3170 – acquired from Seguso Vetri d'Arte for Lire 213,000.-)
Exhib.: ÖMAK 1958

32
VASE
Seguso Vetri d'Arte
Projet: probablement Flavio Poli
Marque: « seguso Murano »
H 15,7, en haut 20,2 x 7,1, en bas (base) approx. 5 x 3,7
ÖMAK, Inv. Gl 3165 (inventorié en juin 1958, 11 objets en verre – Inv. Gl 3160-3170 – achetés à Seguso Vetri d'Arte pour 213.000 lires)
Exposition: ÖMAK 1958

32
VASO
Seguso Vetri d'Arte
Disegno: probabilmente Flavio Poli
Rif.: « seguso Murano »
H 15,7, sopra 20,2 x 7,1, sotto (superficie d'appoggio) ca 5 x 3,7
ÖMAK, inv. Gl 3165 (inventariato giugno 1958, 11 vetri – inv. Gl 3160-3170 – acquistati presso Seguso Vetri d'Arte per lire 213.000,-)
Esposizone: ÖMAK 1958

67 (cat. 31, p. 98)

68 (cat. 32, p. 98)

69 (cat. 33, p. 103)

70 (cat. 34, p. 103)

33
„MONDFISCH“
Seguso Vetri d'Arte
Entwurf: wohl Flavio Poli
Bez.: „Seguso Murano“
H 26,2 (mit Holzsockel)
ÖMAK, Inv. Gl 3170 (inventar. Juni 1958, 11 Gläser – Inv. Gl 3160-3170 – erworben von Seguso Vetri d'Arte um Lire 213.000,-)
Ausst.: ÖMAK 1958

33
"SUNFISH"
Seguso Vetri d'Arte
Design: probably Flavio Poli
Marking: "Seguso Murano"
H 26.2 (with wooden base)
ÖMAK, Inv. Gl 3170 (inventoried June 1958, 11 glasses – Inv. Gl 3160-3170 – acquired from Seguso Vetri d'Arte for Lire 213,000.-)
Exhib.: ÖMAK 1958

33
« POISSON-LUNE »
Seguso Vetri d'Arte
Projet: probablement Flavio Poli
Marque: « Seguso Murano »
H 26,2 (avec socle en bois)
ÖMAK, Inv. Gl 3170 (inventorié en juin 1958, 11 objets en verre – Inv. Gl 3160-3170 – achetés à Seguso Vetri d'Arte pour 213.000 lires)
Exposition: ÖMAK 1958

33
« PESCE LUNA »
Seguso Vetri d'Arte
Disegno: probabilmente Flavio Poli
Rif.: « Seguso Murano »
H 26,2 (a zoccolo di legno)
ÖMAK, inv. Gl 3170 (inventariato giugno 1958, 11 vetri – inv. Gl 3160-3170 – acquistati presso Seguso Vetri d'Arte per lire 213.000,-)
Esposizone: ÖMAK 1958

34
VASE
Seguso Vetri d'Arte (?) oder Nachfolge
H 33,5
ÖMAK, Inv. Gl 3524 (1985 inventarisiert)

34
VASE
Seguso Vetri d'Arte (?) or successor
H 33.5
ÖMAK, Inv. Gl 3524 (inventoried 1985)

34
VASE
Seguso Vetri d'Arte (?) ou successeur
H 33,5
ÖMAK, Inv. Gl 3524 (inventorié en 1985)

34
VASO
Seguso Vetri d'Arte (?) o successore
H 33,5
ÖMAK, inv. Gl 3524 (inventariato 1985)

35
VASE
Seguso Vetri d'Arte
Entwurf: wohl Flavio Poli
Bez.: „Seguso Murano"
Etikett SEGUSO VETRI D'ARTE MURANO GLASS MADE IN ITALY 11904
H 31,8, oben 13,3 x 8,3
ÖMAK, Inv. Gl 3164 (inventar. Juni 1958, 11 Gläser – Inv. Gl 3160-3170 – erworben von Seguso Vetri d'Arte um Lire 213.000,-)
Ausst.: ÖMAK 1958
Lit.: Domus 338/1958, S. 43

35
VASE
Seguso Vetri d'Arte
Design: probably Flavio Poli
Marking: "Seguso Murano"
Label SEGUSO VETRI D'ARTE MURANO GLASS MADE IN ITALY 11904
H 31.8, top 13.3 x 8.3
ÖMAK, Inv. Gl 3164 (inventoried June 1958, 11 glasses – Inv. Gl 3160-3170 – acquired from Seguso Vetri d'Arte for Lire 213,000.-)
Exhib.: ÖMAK 1958
Lit.: Domus 338/1958, p. 43

35
VASE
Seguso Vetri d'Arte
Projet: probablement Flavio Poli
Marque: «Seguso Murano»
Etiquette SEGUSO VETRI D'ARTE MURANO GLASS MADE IN ITALY 11904
H 31,8, en haut 13,3 x 8,3
ÖMAK, Inv. Gl 3164 (inventorié en juin 1958, 11 objets en verre – Inv. Gl 3160-3170 – achetés à Seguso Vetri d'Arte pour 213.000 lires)
Exposition: ÖMAK 1958
Bibl.: Domus 338/1958, p. 43

35
VASO
Seguso Vetri d'Arte
Disegno: probabilmente Flavio Poli
Rif.: «Seguso Murano»
Etichetta SEGUSO VETRI D'ARTE MURANO GLASS MADE IN ITALY 11904
H 31,8, sopra 13,3 x 8,3
ÖMAK, inv. Gl 3164 (inventariato giugno 1958, 11 vetri – inv. Gl 3160-3170 – acquistati presso Seguso Vetri d'Arte per lire 213.000,-)
Esposizone: ÖMAK 1958
Lit.: Domus 338/1958, p. 43

36
GLÄSER
Seguso Vetri d'Arte, Entwurf Flavio Poli
Farbige Zeichnung
ÖMAK, Archiv Zl. 356-58

36
GLASSES
Seguso Vetri d'Arte, Design Flavio Poli
Coloured drawing
ÖMAK, archives Zl. 356-58

36
VERRES
Seguso Vetri d'Arte, projet de Flavio Poli
Croquis en couleur
ÖMAK, N° d'archives 356-58

36
VETRI
Seguso Vetri d'Arte, dis. Flavio Poli
Disegno in colore
ÖMAK, archivio Zl. 356-58

71 (cat. 35, p. 104)

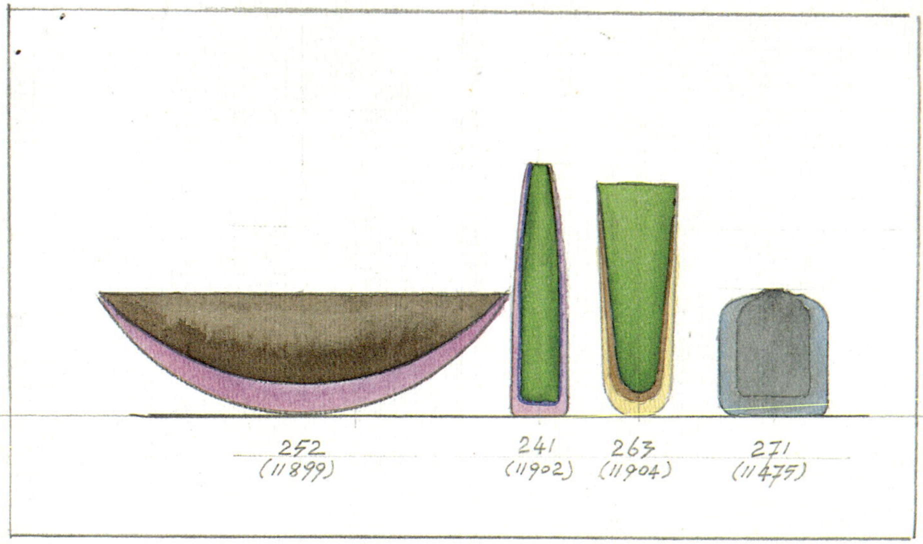

72 (cat. 36, p. 104)

73 (cat. 37, p. 109)

74 (cat. 38, p. 109)

37
VASE
Seguso Vetri d'Arte
Design: Flavio Poli
Marking: "Seguso Murano"
H 18.1, L 14.6, W 8
ÖMAK, Inv. Gl 3166 (inventoried June 1958, 11 glasses – Inv. Gl 3160-3170 – acquired from Seguso Vetri d'Arte for Lire 213,000.-)
Exhib.: ÖMAK 1958
Lit.: Domus 323/1956, p. 27 (Biennale). – Domus 338/1958, p. 43 (similar shape)

37
VASE
Seguso Vetri d'Arte
Design: Flavio Poli
Marking: "Seguso Murano"
H 18.1, L 14.6, W 8
ÖMAK, Inv. Gl 3166 (inventoried June 1958, 11 glasses – Inv. Gl 3160-3170 – acquired from Seguso Vetri d'Arte for Lire 213.000.-)
Exhib.: ÖMAK 1958
Lit.: Domus 323/1956, p. 27 (Biennale). – Domus 338/1958, p. 43 (similar shape)

37
VASE
Seguso Vetri d'Arte
Projet: Flavio Poli
Marque: «Seguso Murano»
H 18,1, L 14,6, E 8
ÖMAK, Inv. Gl 3166 (inventorié en juin 1958, 11 objets en verre – Inv. Gl 3160-3170 – achetés à Seguso Vetri d'Arte pour 213.000 lires)
Exposition: ÖMAK 1958
Bibl.: Domus 323/1956, p. 27 (Biennale). – Domus 338/1958, p. 43 (forme similaire)

37
VASO
Seguso Vetri d'Arte
Disegno: Flavio Poli
Rif.: «Seguso Murano»
H 18,1, Lu 14,6, La 8
ÖMAK, inv. Gl 3166 (inventariato giugno 1958, 11 vetri – inv. Gl 3160-3170 – acquistati presso Seguso Vetri d'Arte per lire 213.000,-)
Esposizone: ÖMAK 1958
Lit.: Domus 323/1956, p. 27 (Biennale). – Domus 338/1958, p. 43 (forma affine)

38
VASE
Seguso Vetri d'Arte (?) oder Nachfolge
H 35,2
ÖMAK, Inv. Gl 3543 (1985 inventarisiert)

38
VASE
Seguso Vetri d'Arte (?) or successor
H 35.2
ÖMAK, Inv. Gl 3543 (inventoried 1985)

38
VASE
Seguso Vetri d'Arte (?) ou successeur
H 35,2
ÖMAK, Inv. Gl 3543 (inventorié en 1985)

38
VASO
Seguso Vetri d'Arte (?) o successore
H 35,2
ÖMAK, inv. Gl 3543 (inventariato 1985)

39-40
ZWEI GROTESKE FIGUREN
Seguso Vetri d'Arte
H 15,1 bzw. 15,5
ÖMAK, Inv. GI 3168, 3169 (inventar. Juni 1958, 11 Gläser – Inv. GI 3160-3170 – erworben von Seguso Vetri d'Arte um Lire 213.000,-)
Ausst.: ÖMAK 1958

39-40
TWO GROTESQUE FIGURES
Seguso Vetri d'Arte
H 15.1 and 15.5
ÖMAK, Inv. GI 3168, 3169 (inventoried June 1958, 11 glasses – Inv. GI 3160-3170 – acquired from Seguso Vetri d'Arte for Lire 213,000.-)
Exhib.: ÖMAK 1958

39-40
DEUX PERSONNAGES GROTESQUES
Seguso Vetri d'Arte
H 15,1 et 15,5
ÖMAK, Inv. GI 3168, 3169 (inventoriés en juin 1958, 11 objets en verre – Inv. GI 3160-3170 – achetés à Seguso Vetri d'Arte pour 213.000 lires)
Exposition: ÖMAK 1958

39-40
DUE FIGURINE GROTTESCHE
Seguso Vetri d'Arte
H 15,1 e 15,5
ÖMAK, inv. GI 3168, 3169 (inventariate giugno 1958, 11 vetri – inv. GI 3160-3170 – acquistati presso Seguso Vetri d'Arte per lire 213.000,-)
Esposizone: ÖMAK 1958

75 (cat. 39, 40, p. 110)

76 (cat. 40, p. 110)

77 (cat. 40, p. 110)

78 (cat. 39, p. 110)

79 (cat. 39, p. 110)

80 (cat. 41, p. 117)

41
SCHALE (ASCHENBECHER)
Archimede Seguso
H 5,5, L 17,8
ÖMAK, Inv. Gl 3174 (inventar. Juni 1958, Geschenk von Archimede Seguso)
Ausst.: ÖMAK 1958

41
BOWL (ASHTRAY)
Archimede Seguso
H 5.5, L 17.8
ÖMAK, Inv. Gl 3174 (inventoried June 1958, donation from Archimede Seguso)
Exhib.: ÖMAK 1958

41
COUPE (CENDRIER)
Archimede Seguso
H 5,5, L 17,8
ÖMAK, Inv. Gl 3174 (inventoriée en juin 1958, don d'Archimede Seguso)
Exposition: ÖMAK 1958

41
CIOTOLA (PORTACENERE)
Archimede Seguso
H 5,5, Lu 17,8
ÖMAK, inv. Gl 3174 (inventariata giugno 1958, dono di Archimede Seguso)
Esposizone: ÖMAK 1958

42
SCHALE
Archimede Seguso
H 12,9, oben 20 x 20
ÖMAK, Inv. Gl 3176 (inventar. Juni 1958, Geschenk von Archimede Seguso)
Ausst.: ÖMAK 1958

42
COUPE
Archimede Seguso
H 12,9, en haut 20 x 20
ÖMAK, Inv. Gl 3176 (inventoriée en juin 1958, don d'Archimede Seguso)
Exposition: ÖMAK 1958

43
VASE
Archimede Seguso
H 23,3, Do 18,2, Du 8,4
ÖMAK, Inv. Gl 3175 (inventar. Juni 1958, Geschenk von Archimede Seguso)
Ausst.: ÖMAK 1958
Lit.: Mariacher 1954, S. 174, Abb. 186 („Vetri decorati a nastro lilla, Archimede Seguso 1952"). – Gasparetto 1958, Abb. 176 („Vetri a nastro lilla. Fabbrica Archimede Seguso. 1952"). – Venezianisches Glas 1981, Abb. 28, Kat. Nr. 156 (Archimede Seguso 1950, „Fantasia diagonale")

43
VASE
Archimede Seguso
H 23,3, Ds 18,2, Di 8,4
ÖMAK, Inv. Gl 3175 (inventorié en juin 1958, don d'Archimede Seguso)
Exposition: ÖMAK 1958
Bibl.: Mariacher 1954, p. 174, Fig. 186 («Vetri decorati a nastro lilla, Archimede Seguso 1952»). – Gasparetto 1958, Fig. 176 («Vetri a nastro lilla. Fabbrica Archimede Seguso. 1952»). – Venezianisches Glas 1981, Fig. 28, N° de cat. 156 (Archimede Seguso 1950, «Fantasia diagonale»)

42
BOWL
Archimede Seguso
H 12.9, top 20 x 20
ÖMAK, Inv. Gl 3176 (inventoried June 1958, donation from Archimede Seguso)
Exhib.: ÖMAK 1958

42
CIOTOLA
Archimede Seguso
H 12,9, sopra 20 x 20
ÖMAK, inv. Gl 3176 (inventariata giugno 1958, dono di Archimede Seguso)
Esposizone: ÖMAK 1958

43
VASE
Archimede Seguso
H 23.3, Dt 18.2, Db 8.4
ÖMAK, Inv. Gl 3175 (inventoried June 1958, donation from Archimede Seguso)
Exhib.: ÖMAK 1958
Lit.: Mariacher 1954, p. 174, Fig. 186 ("Vetri decorati a nastro lilla, Archimede Seguso 1952"). – Gasparetto 1958, Fig. 176 ("Vetri a nastro lilla. Fabbrica Archimede Seguso. 1952"). – Venezianisches Glas 1981, Fig. 28, cat. no. 156 (Archimede Seguso 1950, "Fantasia diagonale")

43
VASO
Archimede Seguso
H 23,3, Ds 18,2, Di 8,4
ÖMAK, inv. Gl 3175 (inventariato giugno 1958, dono di Archimede Seguso)
Esposizone: ÖMAK 1958
Lit.: Mariacher 1954, p. 174, fig. 186 («Vetri decorati a nastro lilla, Archimede Seguso 1952»). – Gasparetto 1958, fig. 176 («Vetri a nastro lilla. Fabbrica Archimede Seguso. 1952»). – Venezianisches Glas 1981, fig. 28, cat. n. 156 (Archimede Seguso 1950, «Fantasia diagonale»)

81 (cat. 42, p. 118)

82 (cat. 42, p. 118)

83 (cat. 43, p. 118)

84 (cat. 43, p. 118)

85 (cat. 44, p. 123)

44
SCHALE
Barovier & Toso
Entwurf: Ercole Barovier
H 10,7, L oben 16,1
ÖMAK, Inv. Gl 3526 (1985 inventarisiert)
Lit.: Nicodemi 1955, Taf. 42 (andere Formen, gleiche Technik: „Vetri neolitici in onice ambrato. Dis. Ercole Barovier, Murano – Edizione Barovier e Toso, Murano")

44
BOWL
Barovier & Toso
Design: Ercole Barovier
H 10.7, L top 16.1
ÖMAK, Inv. Gl 3526 (inventoried 1985)
Lit.: Nicodemi 1955, pl. 42 (different shapes, similar technique: "Vetri neolitici in onice ambrato. Dis. Ercole Barovier, Murano – Edizione Barovier e Toso, Murano")

44
COUPE
Barovier & Toso
Projet: Ercole Barovier
H 10,7, L en haut 16,1
ÖMAK, Inv. Gl 3526 (inventoriée en 1985)
Bibl.: Nicodemi 1955, planche 42 (formes différentes, même technique: «Vetri neolitici in onice ambrato. Dis. Ercole Barovier, Murano – Edizione Barovier e Toso, Murano»)

44
CIOTOLA
Barovier & Toso
Disegno: Ercole Barovier
H 10,7, Lu sopra 16,1
ÖMAK, inv. Gl 3526 (inventariata 1985)
Lit.: Nicodemi 1955, tav. 42 (altre forme / stessa tecnica: «Vetri neolitici in onice ambrato. Dis. Ercole Barovier, Murano – Edizione Barovier e Toso, Murano»)

45
VASE
Barovier & Toso
Entwurf: Ercole Barovier
Etiketten: rundes Etikett „BAROVIER TOSO“, rechteckiges Etikett „BAROVIER & TOSO MURANO MADE IN ITALY 22339“
H 18,5, Do 3, Dg 13,5
ÖMAK, Inv. Gl 3173 (inventar. Juni 1958, Geschenk von Barovier & Toso)
Lit.: Polak 1962, Abb. 67 B, S. 67 (andere Formen, gleiche Technik; Vasen „in vetro parabolico“, um 1957)

45
VASE
Barovier & Toso
Design: Ercole Barovier
Labels: circular label “BAROVIER TOSO”, square label “BAROVIER & TOSO MURANO MADE IN ITALY 22339”
H 18.5, Dt 3, Dm 13.5
ÖMAK, Inv. Gl 3173 (inventoried June 1958, donation from Barovier & Toso)
Lit.: Polak 1962, Fig. 67 B, p. 67 (different shapes, similar technique; vases “in vetro parabolico”, around 1957)

45
VASE
Barovier & Toso
Projet: Ercole Barovier
Etiquettes: étiquette ronde « BAROVIER TOSO », étiquette rectangulaire « BAROVIER & TOSO MURANO MADE IN ITALY 22339 »
H 18,5, Ds 3, Dm 13,5
ÖMAK, Inv. Gl 3173 (inventorié en juin 1958, don de Barovier & Toso)
Bibl.: Polak 1962, Fig. 67 B, p. 67 (formes différentes, même technique: Vases « in vetro parabolico », vers 1957)

45
VASO
Barovier & Toso
Disegno: Ercole Barovier
Etichette: etichetta tonda « BAROVIER TOSO », etichetta rettangolare « BAROVIER & TOSO MURANO MADE IN ITALY 22339 »
H 18,5, Ds 3, Dm 13,5
ÖMAK, inv. Gl 3173 (inventariato giugno 1958, dono di Barovier & Toso)
Lit.: Polak 1962, fig. 67 B, p. 67 (altre forme, stessa tecnica; vasi « in vetro parabolico », intorno al 1957)

46
VASE
Barovier & Toso
Entwurf: wohl Ercole Barovier
Etiketten: rundes Etikett „BAROVIER & TOSO MURANO MADE IN ITALY“, rechteckiges Etikett „BAROVIER & TOSO MURANO MADE IN ITALY 66“ sowie Etikett „MADE IN ITALY 88“
H 16,5, Do 13,7
ÖMAK, Inv. Gl 3172 (inventar. Juni 1958, Geschenk von Barovier & Toso)

46
VASE
Barovier & Toso
Design: probably Ercole Barovier
Labels: circular label “BAROVIER & TOSO MURANO MADE IN ITALY”, square label “BAROVIER & TOSO MURANO MADE IN ITALY 66” and label “MADE IN ITALY 88”
H 16.5, Dt 13.7
ÖMAK, Inv. Gl 3172 (inventoried June 1958, donation from Barovier & Toso)

46
VASE
Barovier & Toso
Projet: probablement Ercole Barovier
Etiquettes: étiquette ronde « BAROVIER & TOSO MURANO MADE IN ITALY », étiquette rectangulaire « BAROVIER & TOSO MURANO MADE IN ITALY 66 » et étiquette « MADE IN ITALY 88 »
H 16,5, Ds 13,7
ÖMAK, Inv. Gl 3172 (inventorié en juin 1958, don de Barovier & Toso)

46
VASO
Barovier & Toso
Disegno: probabilmente Ercole Barovier
Etichette: etichetta tonda: « BAROVIER & TOSO MURANO MADE IN ITALY », etichetta rettangolare: « BAROVIER & TOSO MURANO MADE IN ITALY 66 » ed etichetta « MADE IN ITALY 88 »
H 16,5, Ds 13,7
ÖMAK, inv. Gl 3172 (inventariato giugno 1958, dono di Barovier & Toso)

86 (cat. 45, p. 124)

87 (cat. 46, p. 124)

88 (cat. 46, p. 124)

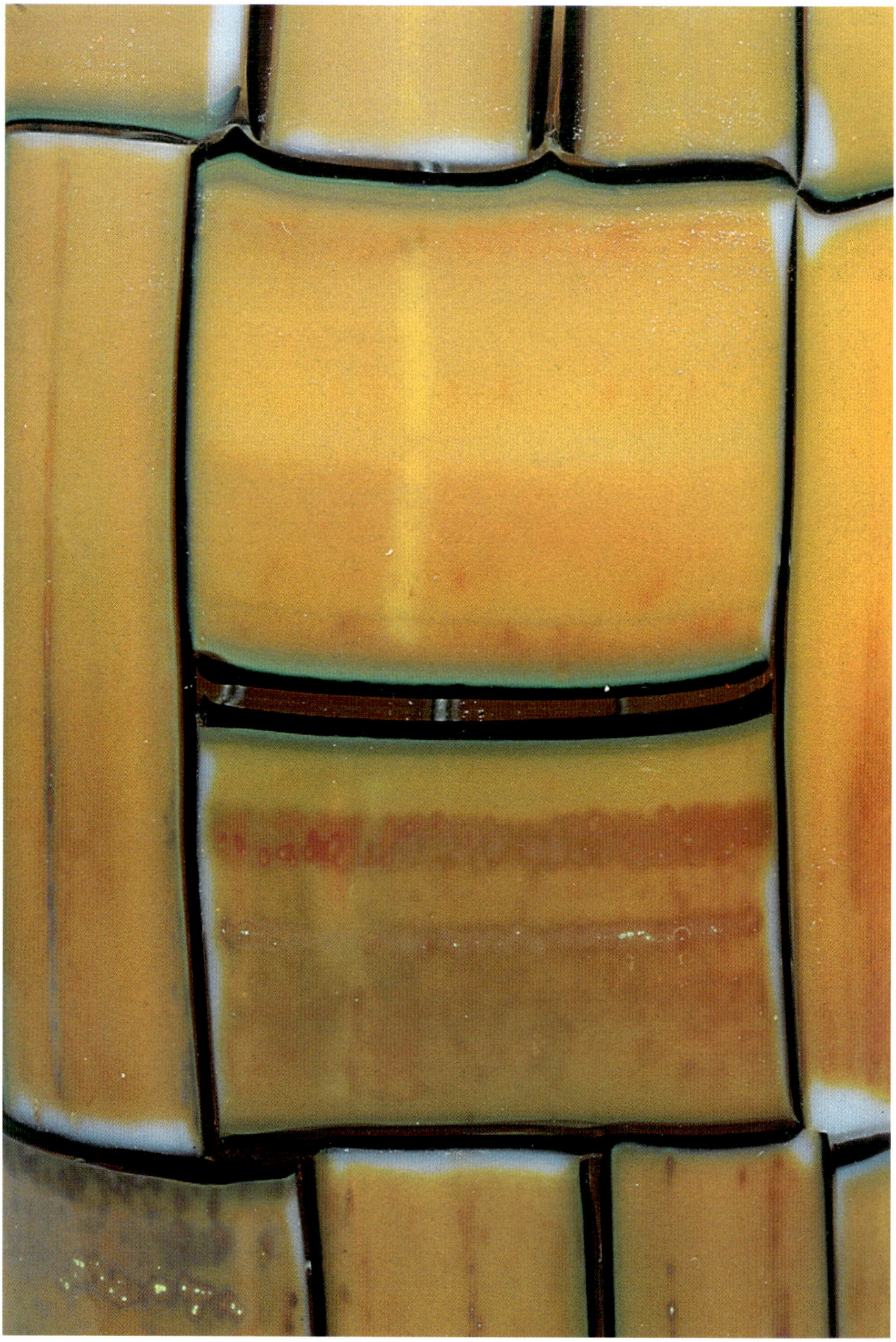

89 (cat. 47, p. 133)

90 (cat. 47, p. 133)

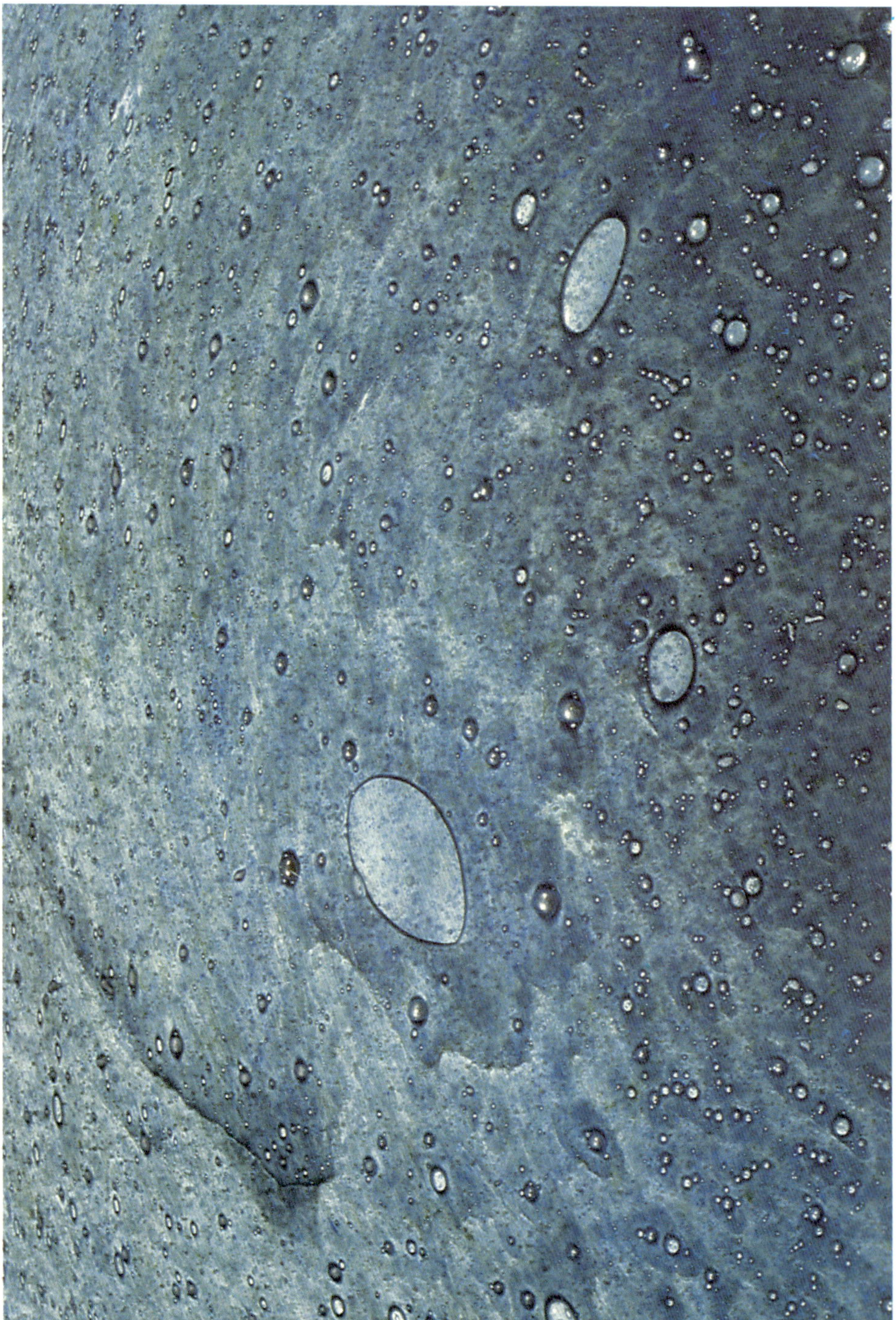

91 (cat. 48, p. 133)

92 (cat. 48, p. 133)

93 (cat. 48, p. 133)

94 (cat. 49, p. 134)

47
VASE
Barovier & Toso
Entwurf: wohl Ercole Barovier
Bez.: „Barovier“
H 19,9, oben 8,5 x 6,2
ÖMAK, Inv. Gl 3525 (1985 inventarisiert)

47
VASE
Barovier & Toso
Design: probably Ercole Barovier
Marking: "Barovier"
H 19.9, top 8.5 x 6.2
ÖMAK, Inv. Gl 3525 (inventoried 1985)

47
VASE
Barovier & Toso
Projet: probablement Ercole Barovier
Marque: « Barovier »
H 19,9, en haut 8,5 x 6,2
ÖMAK, Inv. Gl 3525 (inventorié en 1985)

47
VASO
Barovier & Toso
Disegno: probabilmente Ercole Barovier
Rif.: « Barovier »
H 19,9, sopra 8,5 x 6,2
ÖMAK, inv. Gl 3525 (inventariato 1985)

48
SCHALE
Barovier & Toso
Entwurf: wohl Ercole Barovier
Etiketten: rundes Etikett „BAROVIER & TOSO . MURANO MADE IN ITALY“, drei kleine Etiketten (zweimal mit Nummer 54, einmal mit Nummer 76)
H 10,2, Do 22,3
ÖMAK, Inv. Gl 3171 (inventar. Juni 1958, Geschenk von Barovier & Toso)
Lit.: Mariacher 1967, Abb. S. 10 C (vergleichbare Technik, andere Formen), Text S. 224

48
BOWL
Barovier & Toso
Design: probably Ercole Barovier
Labels: circular label "BAROVIER & TOSO . MURANO MADE IN ITALY", three small labels (two with number 54, one with number 76)
H 10.2, Dt 22.3
ÖMAK, Inv. Gl 3171 (inventoried June 1958, donation from Barovier & Toso)
Lit.: Mariacher 1967, Fig. p. 10 C (similar technique, different shapes), text p. 224

48
COUPE
Barovier & Toso
Projet: probablement Ercole Barovier
Etiquettes: étiquette ronde « BAROVIER & TOSO . MURANO MADE IN ITALY », trois petites étiquettes (deux portant le numéro 54, une portant le numéro 76)
H 10,2, Ds 22,3
ÖMAK, Inv. Gl 3171 (inventoriée en juin 1958, don de Barovier & Toso)
Bibl.: Mariacher 1967, Fig. p. 10 C (technique similaire, formes différentes), texte p. 224

48
CIOTOLA
Barovier & Toso
Disegno: probabilmente Ercole Barovier
Etichette: etichetta tonda « BAROVIER & TOSO . MURANO MADE IN ITALY », tre piccole etichette (due col n. 54, una col n. 76)
H 10,2, Ds 22,3
ÖMAK, inv. Gl 3171 (inventariata giugno 1958, dono di Barovier & Toso)
Lit.: Mariacher 1967, fig. p. 10 C (tecnica paragonabile, altre forme), testo p. 224

49
SCHALE
Barovier & Toso
Entwurf: wohl Ercole Barovier
H 4,7, Do 8,9
ÖMAK, Inv. Gl 3493 (1985 inventarisiert)
Lit.: Domus 252-53/1950, Anzeigenteil (vergleichbares Objekt, Abb. dort mit Henkeln)

49
BOWL
Barovier & Toso
Design: probably Ercole Barovier
H 4.7, Dt 8.9
ÖMAK, Inv. Gl 3493 (inventoried 1985)
Lit.: Domus 252-53/1950, advertising section (similar object, Fig. with handles)

49
COUPE
Barovier & Toso
Projet: probablement Ercole Barovier
H 4,7, Ds 8,9
ÖMAK, Inv. Gl 3493 (inventoriée en 1985)
Bibl.: Domus 252-53/1950, page d'annonces (objet similaire, mais avec anses)

49
CIOTOLA
Barovier & Toso
Disegno: probabilmente Ercole Barovier
H 4,7, Ds 8,9
ÖMAK, inv. Gl 3493 (inventariata 1985)
Lit.: Domus 252-53/1950, pagina degli annunci (oggetto paragonabile, fig. con ansa)

50
SCHALE
Entwurf: Dino Martens für A. Toso oder Nachfolge
H 6, 16,4 x 14
ÖMAK, Inv. Gl 3527 (1985 inventarisiert)

50
BOWL
Design: Dino Martens for A. Toso or successor
H 6, 16.4 x 14
ÖMAK, Inv. Gl 3527 (inventoried 1985)

50
COUPE
Projet: Dino Martens pour A. Toso ou successeur
H 6, 16,4 x 14
ÖMAK, Inv. Gl 3527 (inventoriée en 1985)

50
CIOTOLA
Disegno: Dino Martens per A. Toso o successori
H 6, 16,4 x 14
ÖMAK, inv. Gl 3527 (inventariata 1985)

95 (cat. 50, p. 134)

96 (cat. 50, p. 134)

97 (cat. 50, p. 134)

98 (cat. 50, p. 134)

99 (cat. 51, p. 141)

100 (cat. 51, p. 141)

101 (cat. 52, p. 141)

51
OBJEKT
Murano (?)
H 21,5
ÖMAK, Inv. Gl 3548 (1985 inventarisiert)

51
OBJECT
Murano (?)
H 21.5
ÖMAK, Inv. Gl 3548 (inventoried 1985)

51
OBJET
Murano (?)
H 21,5
ÖMAK, Inv. Gl 3548 (inventorié en 1985)

51
OGGETTO
Murano (?)
H 21,5
ÖMAK, inv. Gl 3548 (inventariato 1985)

52
VASE
Murano (?)
H 24,5
ÖMAK, Inv. Gl 3552 (1985 inventarisiert)

52
VASE
Murano (?)
H 24.5
ÖMAK, Inv. Gl 3552 (inventoried 1985)

52
VASE
Murano (?)
H 24,5
ÖMAK, Inv. Gl 3552 (inventorié en 1985)

52
VASO
Murano (?)
H 24,5
ÖMAK, inv. Gl 3552 (inventariato 1985)

53
VOGEL
Vistosi (Zuschreibung)
H 21,3
ÖMAK, Inv. Gl 3553 (1985 inventarisiert)

53
BIRD
Vistosi (attributed to)
H 21.3
ÖMAK, Inv. Gl 3553 (inventoried 1985)

53
OISEAU
Vistosi (attribué à)
H 21,3
ÖMAK, Inv. Gl 3553 (inventorié en 1985)

53
UCCELLO
Vistosi (attribuito)
H 21,3
ÖMAK, inv. Gl 3553 (inventariato 1985)

102 (cat. 53, p. 142)

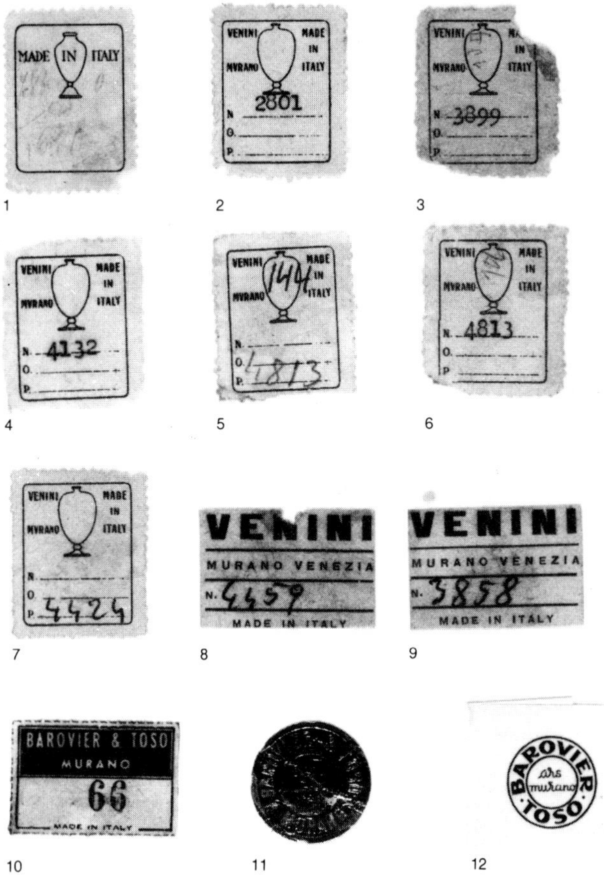

103 Etiketten und Stempel: Nr. 1 = Abb. 21, Nr. 2 = Kat. Nr. 19, Nr. 3 = Kat. Nr. 22, Nr. 4 = Kat. Nr. 10, Nr. 5 = Kat. Nr. 25, Nr. 6 = Kat. Nr. 25, Nr. 7 = Kat. Nr. 7, Nr. 8 = Kat. Nr. 13, Nr. 9 = Kat. Nr. 21, Nr. 10 = Kat. Nr. 46, Nr. 11 = Kat. Nr. 46, Nr. 12 = Abb. 5

DOKUMENTATION

Die Dokumentation umfaßt Reproduktionen zeitgenössischer Abbildungen von etwa 1925 bis 1960.
Folgende Publikationen werden abgekürzt zitiert:

Arbok = Nordenfjeldske Kunstindustrimuseum Arbok, Trondheim
Dedalo = Dedalo, Rassegna d'arte diretta da Vgo Ojetti, Milano – Roma
Domus = Domus, Milano 1927 ff.
Gasparetto 1958 = Astone Gasparetto, Il vetro di Murano dalle origini ad oggi, Venezia 1958
Mariacher 1954 = Giovanni Mariacher, L'Arte del Vetro, o. O. 1954
Mariacher 1967 = Giovanni Mariacher, I vetri di Murano, 1967
Nicodemi 1955 = Giorgio Nicodemi, Vetri d'Oggi, Serie Esempi di decorazione moderne di tutto il mondo, Hrsg. Roberto Aloi
Papini 1930 = Roberto Papini, Le Arti d'Oggi, Architettura e Arti Decorative in Europa, Milano – Roma 1930
Polak 1962 = Ada Polak, Modern Glass, London 1962
Venini 1957 = Venini Murano Glas, Ausstellung des Österreichischen Museums für angewandte Kunst, Wien 1957 (Sonderdruck der Ausstellung des Kestner-Museums)
Verres = Verres et cristaux italiens, Rom o. J. (wohl nach 1960)
Warnecke 1965 = August Warnecke, Kultur in Glas und Porzellan, Hamburg 1965

104 Vasen („Vetri classici") von Cappellin-Venini, vor 1925, Reproduktion aus: Venini 1957, Nr. 1 („Holbeinvase Nr. 1924, topas"), Nr. 4 („Vase Nr. 1335, amethyst"), Nr. 10 („Rubensvase Nr. 3811, topas"); identische Abbildung in: Arbok 1958, S. 35, Polak 1962, Taf. 51 B

105 Deckelgefäße, Venini-Cappellin, vor 1925, Reproduktion aus: Studio Year Book of Decorative Art 1925, S. 136

106 Gläser, Venini / Murano (1), Cappellin & C. (2-5), vor 1929, Reproduktion aus: Studio Year Book of Decorative Art 1929, S. 174

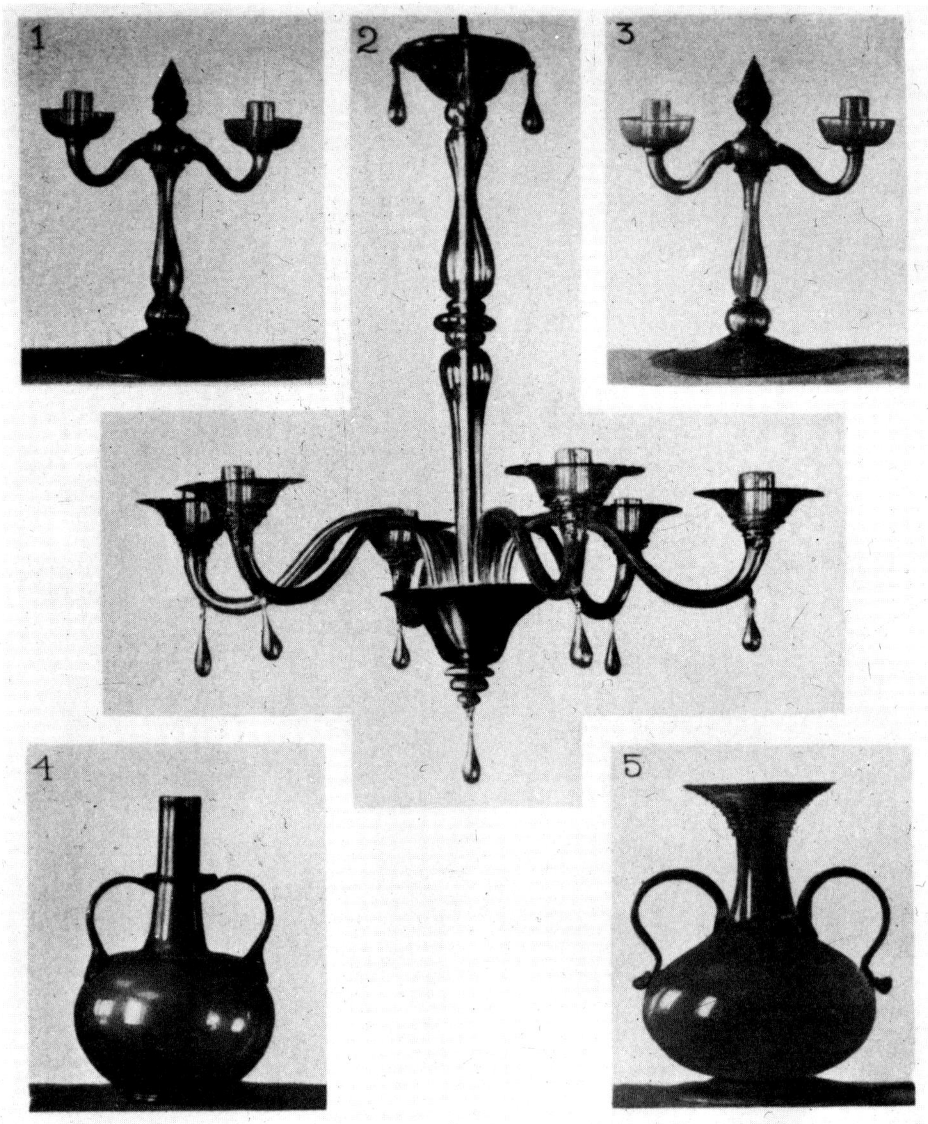

107 Luster, Kerzenleuchter und Vasen, Venini, vor 1927, Reproduktion aus: Studio Year Book of Decorative Art 1927, S. 142

108 Gläser, Guido Cadorin, 1922, Reproduktion aus: Domus 300/1954, S. 9

109 Brunnen („Fontana"), Venini / Murano (Entwurf Napoleone Martinuzzi), vor 1930, Reproduktion aus: Papini 1930, Fig. 577

110 Gläser, Venini, um 1925, Reproduktion aus: Deutsche Kunst und Dekoration 59/1926-1927, S. 59

111 Gläser, Venini, vor 1927, Reproduktion aus: Deutsche Kunst und Dekoration 60/1927, S. 354

112 Kerzenhalter und Vasen, Venini-Cappellin, vor 1925, Reproduktion aus: Studio Year Book of Decorative Art 1925, S. 134

113 Kelchgläser, Venini / Murano (Entwurf: Vittorio Zecchin bzw. Napoleone Martinuzzi), vor 1930, Reproduktion aus: Papini 1930, Fig. 568

114 Gläser, Cappellin, Reproduktion aus: Die Kunst 1931, S. 49

115 Vase und Krug, Venini / Murano, Reproduktion aus: Venini 1957, Nr. 4 („Vase Nr. 1335, amethyst") und Nr. 5 („Tintorettokrug Nr. 3630, amethyst")

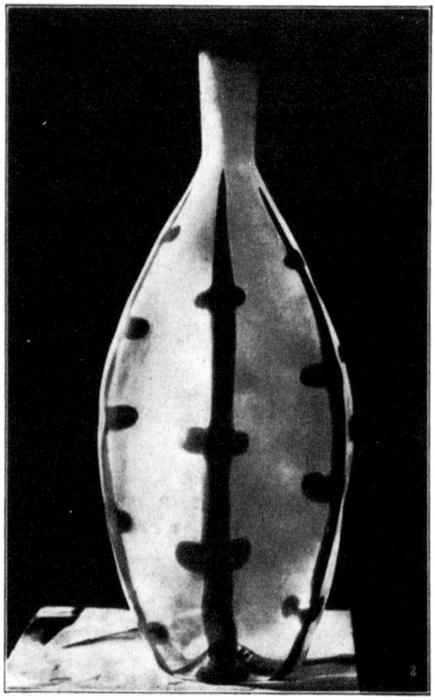

116 Tiere („Le Gazelle", „L'Ermellino"), Entwurf: Guido Balsamo Stella, vor 1930, Ausführung: Ferro Toso; Vase (Ferro Toso); Reproduktion aus: Dedalo 1930/31, S. 319 (Gazellen identisch abgebildet in: Studio Year Book of Decorative Art 1932, S. 103)

117 Statuette, Zebra; Libero Vitali, vor 1930, Reproduktion aus: Dedalo 1930/31, S. 320

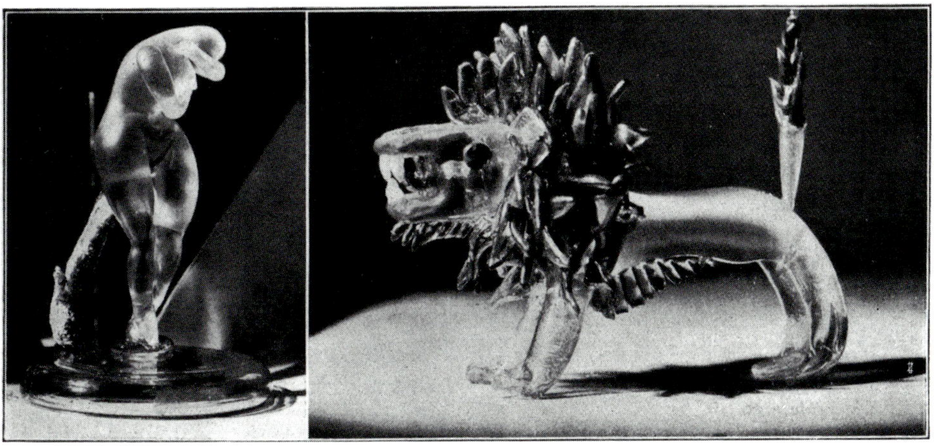

118 Akt, Löwe; Libero Vitali, vor 1930, Reproduktion aus: Dedalo 1930/31, S. 320

119 Gläser („statuetta e vasi di vetro primavera"), Barovier, vor 1930, Reproduktion aus: Dedalo 1930/31, S. 317

120 Gläser („Vasi e coppe di vetro pulegoso verdemare i oro"), Venini / Murano (Entwurf Napoleone Martinuzzi), vor 1930, Reproduktion aus: Dedalo 1930/31, S. 315

121 Gläser („Vasi, coppe e statuette"), Cappellin, vor 1930, Reproduktion aus: Dedalo 1930/31, S. 321

122 Pflanze („pianta monumentale di vetro pulegoso verdemare"), Venini, vor 1930 (Entwurf: Napoleone Martinuzzi); Reproduktion aus: Dedalo 1930/31, S. 322; ähnliche Pflanze bei Gasparetto 1958, Abb. 152 (dort dat. 1928) sowie Arbok 1958, S. 37, dat. 1927 (identische Abbildung wie in Arbok bei Polak 1962, Pl. 52, dort datiert 1928)

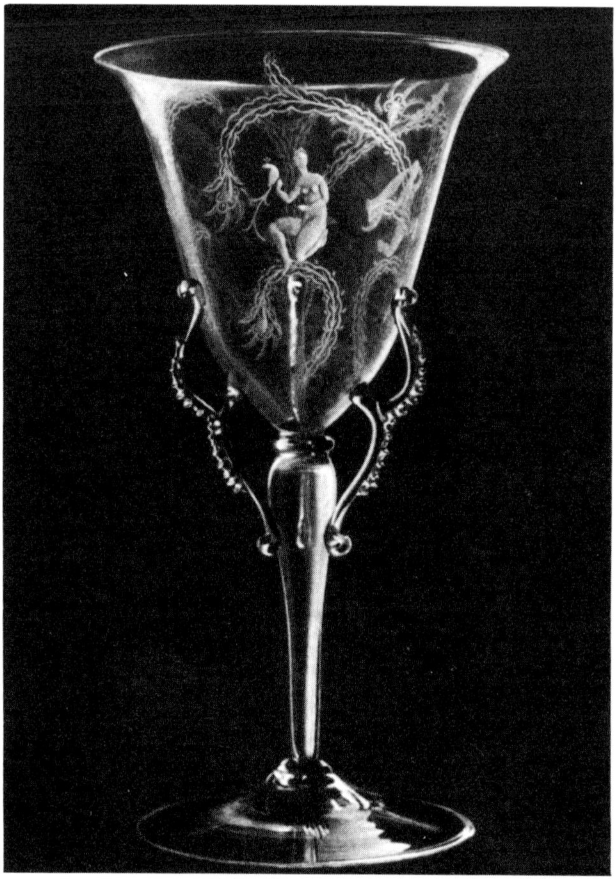

123 Glas mit Schnitt, Guido Balsamo Stella, Reproduktion aus: Papini 1930, Fig. 585

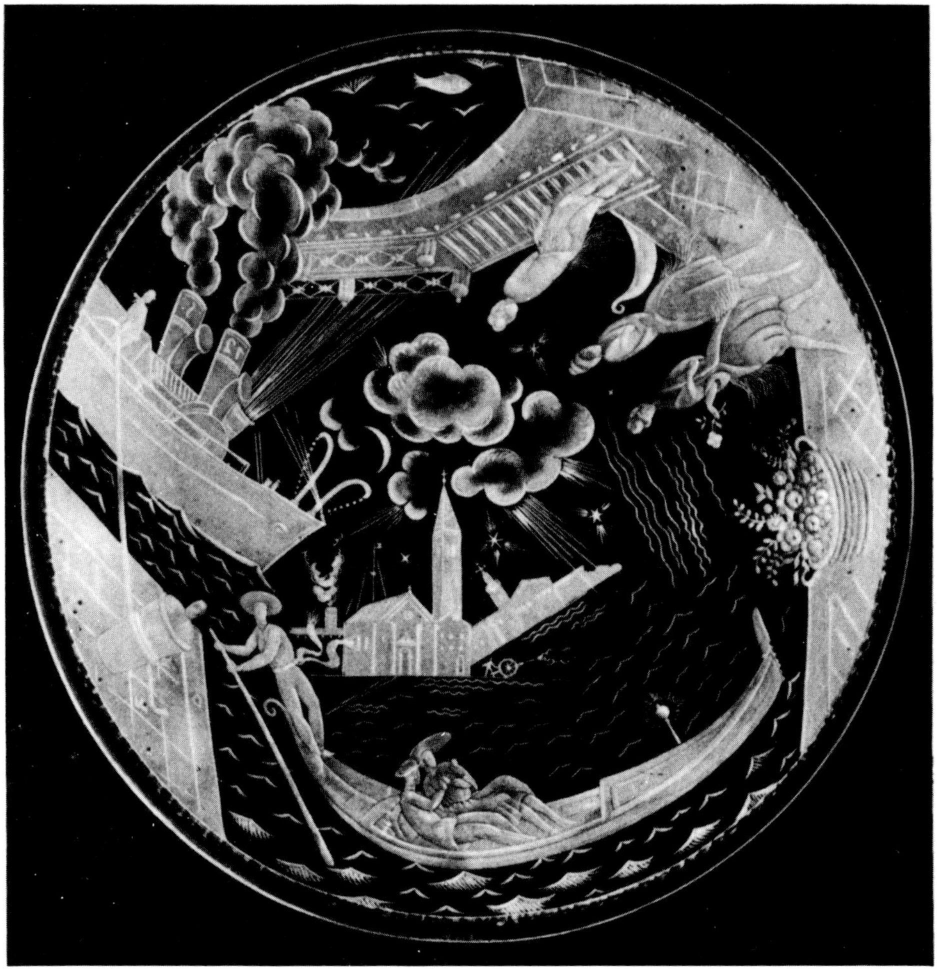

124 Teller mit Schnitt, Guido Balsamo Stella, Reproduktion aus: Papini 1930, Fig. 581

125 Gläser, Barovier, Murano; irisierte Gläser „Mugnoni", Saiar, Ferro Toso / Murano; Reproduktion aus: Katalog der 19. Biennale, Venedig 1934, S. 187

126 Gläser, Salviati / Venedig; Gläser, Fratelli Toso / Murano; Reproduktion aus: Katalog der 19. Biennale, Venedig 1934, S. 189 (Gläser von Salviati identisch abgebildet in: Mariacher 1954, Abb. 179 und Gasparetto 1958, Abb. 159: „Vetri paglierini iridati")

127 Vasen („with inlaid colours and gold"), Seguso Vetri d'Arte (Entwurf: Flavio Poli), 1939; Reproduktion aus: Polak 1962, Abb. 54

128 Vasen („in vetro gemmato"), Ercole Barovier, 1936, und Schalen („in vetro rugiada"), Ercole Barovier, 1940; Reproduktion aus: Polak 1962, Pl. 55 A, B

129 Vasen und Schale, Seguso Vetri d'Arte (Entwurf Flavio Poli), 1949; Reproduktion aus: Arbok 1958, S. 43 (identische Abbildung in: Nicodemi 1955, Taf. 4)

130 Glas („Vaso corroso N.3.“), Ferro & Lazzarini; Reproduktion aus: Katalog der 27. Biennale von Venedig 1954, Abb. 121

131 Vasen („Vasi in vetro translucido a colori tenui"), Barovier & Toso / Murano, Entwurf Angelo Barovier; Reproduktion aus: Nicodemi 1955, Taf. 38

132 Gläser („Vetri aborigeni"), Barovier & Toso / Murano; Reproduktion aus: Verres, S. 23

133 Inserat von Barovier & Toso / Murano; Reproduktion aus: Domus 264-65, Inseratenteil

134 Gläser („Anfora e vaso in vetro soffiato barbarico, colore azzurro metallo"); Barovier & Toso / Murano, Entwurf: Ercole Barovier; Reproduktion aus: Nicodemi 1955, Taf. 39

135 Inserat von Barovier & Toso / Murano; Reproduktion aus: Domus 252-53/1950, Inseratenteil

136 Ausschnitt aus einem Inserat von Barovier & Toso; Reproduktion aus: Domus 190/1943, im vorderen Inseratenteil

137 Vasen und Schalen aus irisierendem Glas („in cristallo iridescente, piumato, stellato e frastigliato creati da Ercole Barovier"), Barovier & Toso (Entwurf Ercole Barovier); Reproduktion aus: Domus 181/1943, S. 47

138 Vasen und Schalen aus irisierendem Glas („in cristallo iridescente, piumato, stellato e frastigliato creati da Ercole Barovier"), Barovier & Toso (Entwurf Ercole Barovier); Reproduktion aus: Domus 181/1943, S. 47

139 Vasen („Vetri agata"), Barovier & Toso (Entwurf Ercole Barovier), 1955; Reproduktion aus: Gasparetto 1958, Abb. 191, nach S. 208

140 Vasen („in vetro parabolico"), Ercole Barovier, um 1957; Reproduktion aus: Polak 1962, Abb. 67 B (hohe Vase identisch in Arbok 1958, S. 47)

141 Vasen, Barovier & Toso (Entwurf Angelo Barovier); Reproduktion aus: Arbok 1958, S. 49

142 Vasen („Vasi in vetro soffiato"), Barovier & Toso, Entwurf Ercole Barovier; Reproduktion aus: Nicodemi 1955, Taf. 34

Giustamente Ercole Barovier nel governare le creazioni della sua fornace dal bel nome venezianissimo, vernacolo, antico e glorioso, si attiene al virtuosismo muranese con qualche incursione (vedi i vetri barbarici) fuori di questo campo nel quale è maestro.

Barovier e Toso ha portato nei suoi vetri filigranati una freschezza e vivacità di colore, su gamme nuove che meritano un interesse particolare degli amatori.

143 Gläser, Barovier & Toso / Murano, von der Triennale Mailand 1951, Reproduktion aus: Domus 262/1951, S. 34

144 Vase und Schale („in vetro damasco"), Barovier & Toso (Entwurf: Ercole Barovier), 1948; Reproduktion aus: Arbok 1958, S. 45

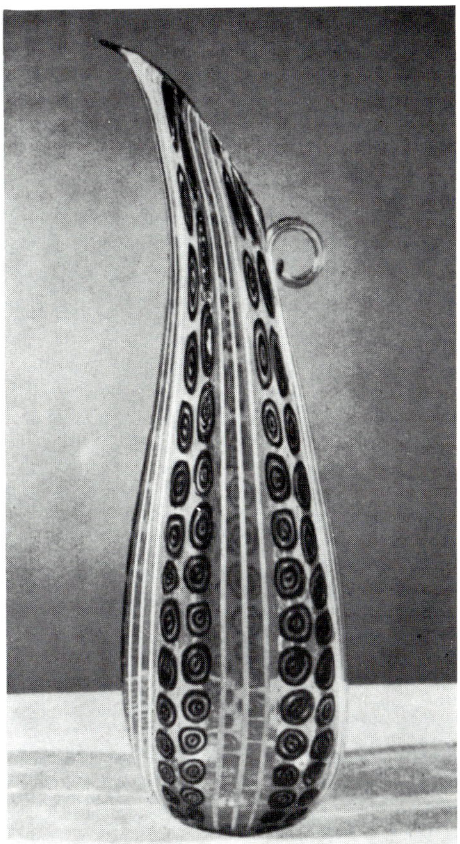

145 Krug („in vetro damasco"), Ercole Barovier, 1951, Reproduktion aus: Polak 1962, Abb. 67 A

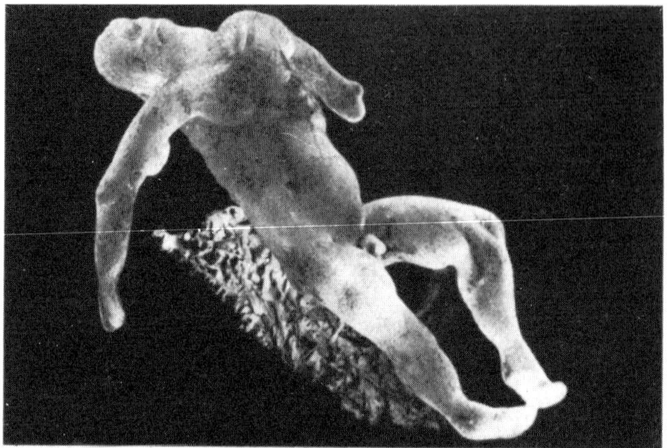

146 „Colasso", Cenedese / Murano (Entwurf Alfredo Barbini); Amphore („Anfora grigio rosa") und Schale („Ciotola grigio rosa") von Seguso Vetri d'Arte / Murano, Reproduktion aus: Katalog der 24. Biennale Venedig, 1948, Fig. 97, 98

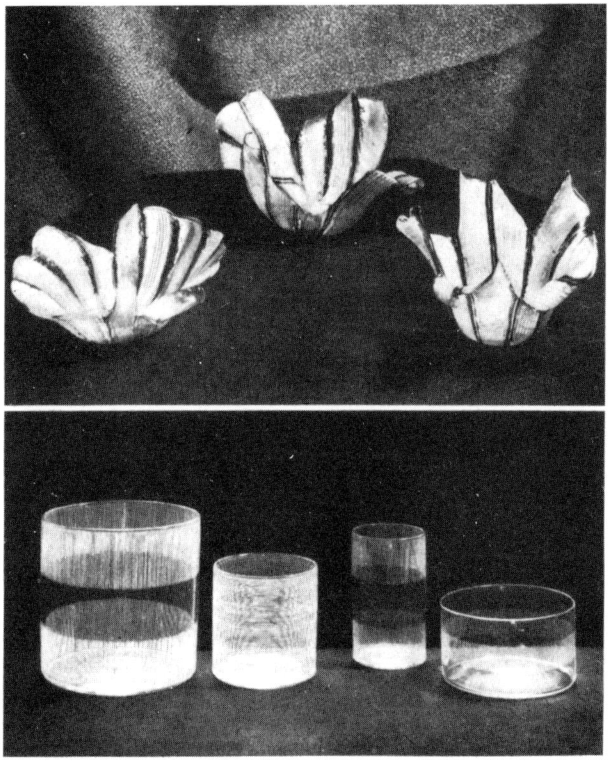

147 Vasen („Vasi aurati Corinto"), Barovier & Toso (Entwurf: Ercole Barovier) und Becher mit Schnitt, SALIR / Murano; Reproduktion aus: Katalog der 24. Biennale Venedig, 1948, Fig. 95, 96

148 Puppen („Dolli"), Venini / Murano, Reproduktion aus: Die Kunst und das schöne Heim 50/1951-52, S. 315

149 Figuren aus der Commedia dell'Arte, Venini / Murano (Entwurf Fulvio Bianconi), 1948-50; Reproduktion aus: Nicodemi 1955, Taf. 14

150 Figuren aus der Commedia dell'Arte („Maschere della Commedia dell'Arte") Venini / Murano (Entwurf Fulvio Bianconi), 1948-50; Reproduktion aus: Katalog der 24. Biennale von Venedig, 1948, Abb. 93

151 Masken, Venini /Murano, Reproduktion aus: Verres, S. 33

152 Figuren aus weißem, schwarzem und vergoldetem Glas, Seguso Vetri d'Arte / Murano; Reproduktion aus: Verres, S. 39

Aureliano Toso si presenta con pezzi a larghe filigrane di bellissimo colore. È una produzione da seguire con interesse.

La rinomata fornace di Barbini presenta vetri massicci di interno colore assai bello e superfici satinate (a sinistra).

Giulio Radi presenta per la A.V.E.M. vetri scuri, opachi, ricchi di materia, di colore, di giochi vetrari.

153 Gläser, Aureliano Toso / Murano (oben), Barbini (Mitte links) und AVEM (Entwurf Giulio Radi, unten) von der Triennale Mailand 1951, Reproduktion aus: Domus 262/1951, S. 35

154 Gläser („Vetri policromi"), Aureliano Toso / Murano (Entwurf Dino Martens), 1948; Reproduktion aus: Verres, S. 47 (identische Abbildung in: Mariacher 1954, S. 171, Abb. 181)

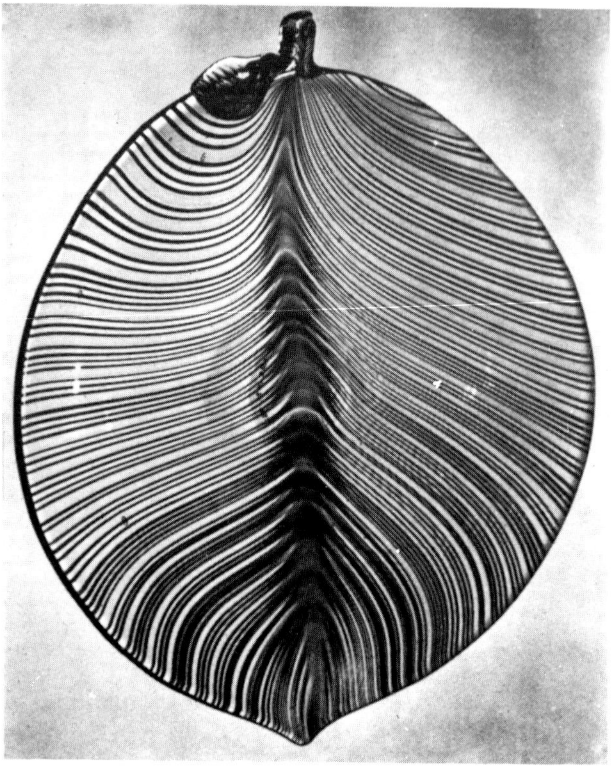

155 Blattschale, Venini / Murano (Entwurf: Tyra Lundgren, 1938); Reproduktion aus: Polak 1962, Abb. 65 B

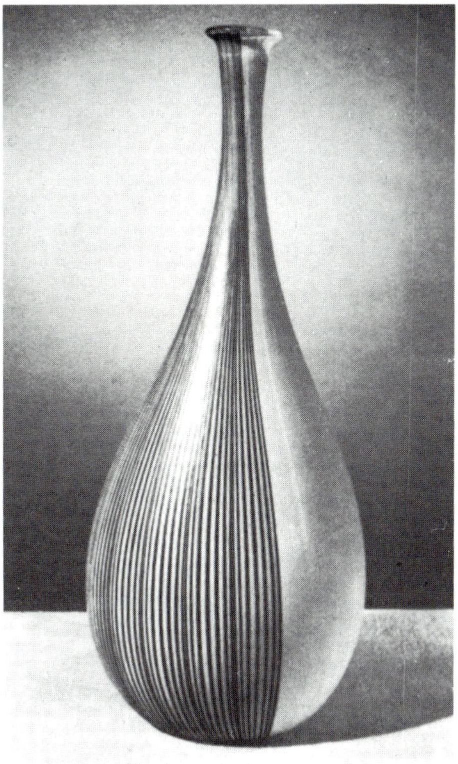

156 Vase („in vetro tessuto"), Venini / Murano (Entwurf: Carlo Scarpa), 1940; Reproduktion aus: Polak 1962, Abb. 65 A

157 Vasen („Vasi in vetro soffiato lavorato a canne multicolori"), Entwurf und Ausführung: Alberto Toso / Murano; Reproduktion aus: Nicodemi 1955, Taf. 33

158 Vasen („Vasi in vetro soffiato lavorato a canne multicolori"), Entwurf und Ausführung: Alberto Toso / Murano; Reproduktion aus: Nicodemi 1955, Taf. 32

159 Vasen und Schale („Vasi e ciotola in vetro soffiato, filigrana a fili rilevati bianchi e neri"), Aureliano Toso / Murano (Entwurf: Dino Martens); Reproduktion aus: Nicodemi 1955, Taf. 33

Non si può fare una rassegna del vetro d'arte italiano senza dare un posto speciale a Paolo Venini. I suoi meriti sono non soltanto artistici ma, in questo settore, sono ormai storici essendo il suo nome legato — nel ricordo della prima fornace di Cappellin Venini alla quale questo avvocato milanese associò il suo entusiasmo — alla prima rinascita moderna del vetro di Murano, che poi trascinò tutti gli altri. Separatisi Venini e Cappellin, Venini ha continuato la sua strada, superando le dure crisi e le tremende difficoltà di tutti questi nostri tempi procellosi con una produzione di una costante nobilissima bellezza. Esiste al Museo Correr o al Museo di Murano una sala Venini? esiste una monografia degna, ed a colori, sui vetri di Venini? La collezione dei propri migliori pezzi che Venini ha nella sua fornace meriterebbe questa consacrazione. Sono oltre vent'anni di magnifico, di esemplare lavoro.
In certe ultime manifestazioni (Mostra di Parigi) ha prevalso, per una male intesa ripartizione egualitaria, l'idea che ogni fornace muranese fosse da presentare con egual numero di pezzi o con egual spazio a disposizione: ciò se, come un handicap alle corse, pone tutti su uno stesso piano, dà però esclusivamente agio ad un confronto per noi ingiustamente paritetico e si risolve in una gara interna di riuscita a termini pari. Ma questa gara sportiva non ci interessa?
A noi interessano i valori, non le classifiche: a noi interessano i valori di durata, sforzo, di nobiltà, di prestigio, di merito, a noi interessano i valori migliori non la parità. A noi interessa che esista una competizione ma che i meriti più validi per il nome d'Italia siano producentemente impegnati e non costretti dai diritti sindacali di parità. A noi interessa che chi si sente indietro senta il pungolo per portarsi avanti per avere spazio e riconoscimento e non si accomodi in una parità di convenzione, a danno dell'Italia. Da fonte autorevole, ineccepibile, disinteressata sappiamo la miserella figura fatta a Parigi, con la presentazione di tutti, paritetica ed a contagocce, con tanti spazietti di poche cosettine. L'Italia ha dei valori grossi in questo campo e dei diritti grossi e doveva valersene ed andare con l'estensione e il prestigio e il valore, e l'autorità, e il nome, delle sue forze maggiori.
In queste pagine sono fra i più belli dei vetri di Venini. Noi preferiamo quelli a giochi di forti colori, a pezze. I collezionisti debbono buttarsi su questi, debbono lasciare agli altri, ai bibelottieri, le figurine e i vetri a fiori che Venini deve fare per sostenere commercialmente la sua fornace e per pagarsi il lusso di produrre quei pezzi che piacciono ai pochi.

In questa pagina: vetri pezzati e filogranati a colori vivacissimi. Vetri sui quali deve convergere tutta l'attenzione dei collezionisti.
Nella foto qui sopra: due pezzi «storici» di Venini, apparsi ad una lontana Biennale, ma di tali valori evocativi di cultura e d'arte, da renderli attuali e rappresentativi. Pezzi da museo. Oltre questi pezzi sono presenti alla Triennale anche dei pezzi di virtuosismo di filigrana dei «maestri» della fornace di Venini.

160 Gläser von Venini / Murano aus der Triennale Mailand 1951; Reproduktion aus: Domus 262/1951, S. 29

161 Gläser („Fazzoletto – Vasi Zanfirico"), Venini / Murano; Reproduktion aus: Warnecke 1965, S. 71

162 Vase, Venini / Murano, Reproduktion aus: Die Kunst und das schöne Heim 50/1951-52, S. 315

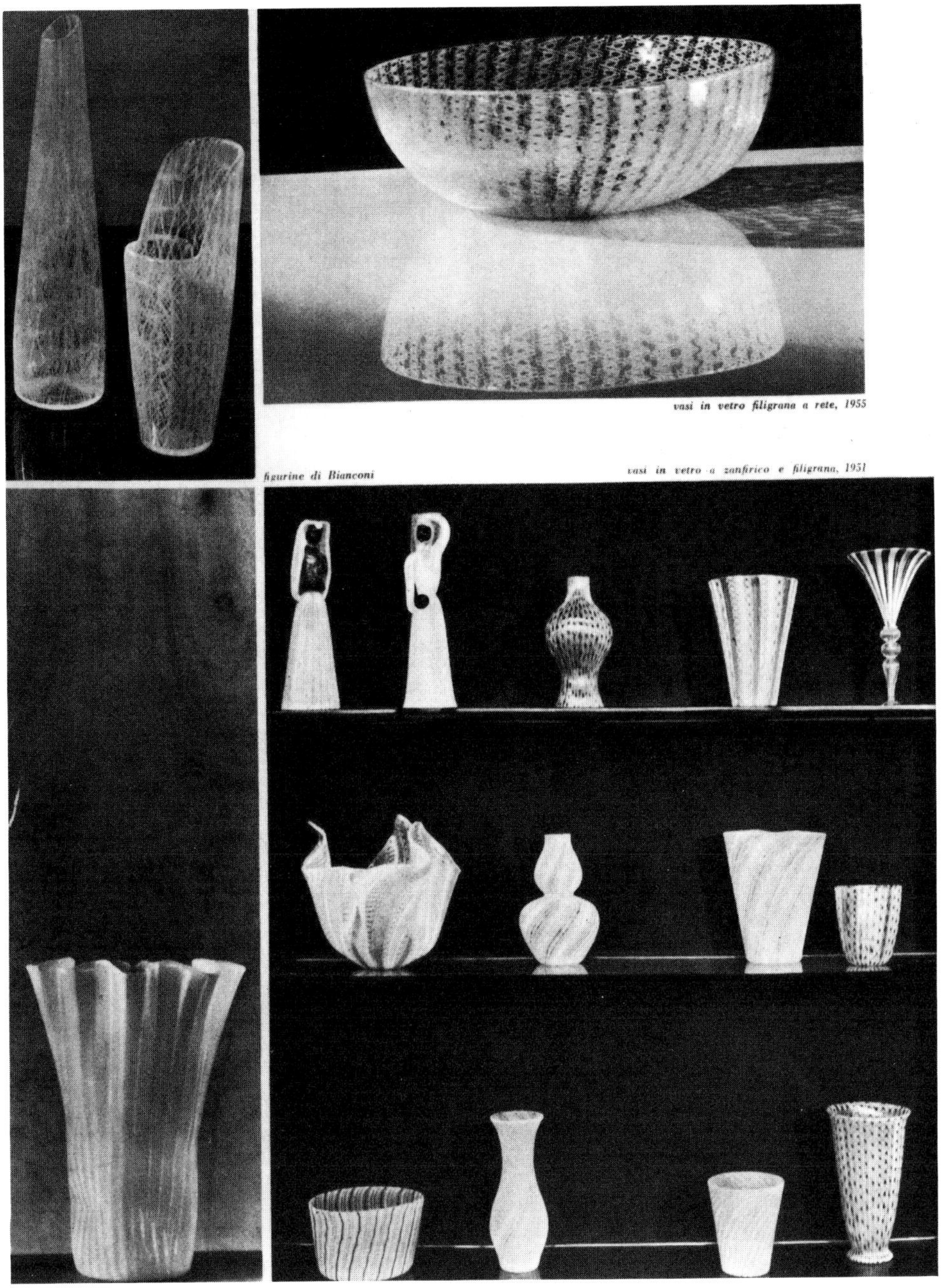

163 Gläser („Vasi in vetro filigrana a rete, 1955; figurine di Bianconi; vasi in vetro a zanfirico e filigrana, 1951“), Venini / Murano; Reproduktion aus: Domus 361/1959, S. 38

164 Hühner („Animali da cortile in vetro soffiato a vari colori", Venini / Murano (Entwurf: Fulvio Bianconi, Mailand); Reproduktion aus: Nicodemi 1955, Taf. 16

165 Vögel, Venini / Murano, Reproduktion aus: Venini 1957, Nr. 27-29 („Nr. 2776/77/79, weiß filigran")

166 Gläser („in vetro a filigrana"), Venini / Murano; Reproduktion aus: Domus 314/1956, S. 48

167 Gläser, Venini / Murano; Reproduktion aus: Venini 1957 (keine Kat. Nr. angegeben)

168 Gläser von Venini / Murano aus der Triennale Mailand 1951; Reproduktion aus: Domus 262/1951, S. 29

169 Schale, Venini / Murano; Reproduktion aus: Venini 1957, Nr. 60 („Schale Nr. 4132, Mosaikschale mit grünem Rand")

170 Gläser, Venini / Murano; Reproduktion aus: Venini 1957, Nr. 58 („Vase Nr. 3835, Opalglas mit Mosaikkranz"), Nr. 59 („Vase Nr. 4460, gelbes Opalglas mit Mosaikkranz"), Nr. 61 („Vase Nr. 3517, grün mit Mosaikkranz"); identische Abbildung in: Warnecke 1965, S. 76

171 Gläser („Occhi"), Venini / Murano; Reproduktion aus: Warnecke 1965, S. 75

172 Gläser, Venini / Murano; Reproduktion aus: Venini 1957, Nr. 30 ff. (ohne genauere Angaben)

173 Gläser, Venini / Murano (Entwurf Paolo Venini); Reproduktion aus: Arbok 1954-55, S. 58

174 „Taschentücher“, Fontana Arte / Mailand, Triennale Mailand 1951; Reproduktion aus: Domus 262/1951, S. 27

175 Gläser, Venini / Murano (Entwurf Paolo Venini); Reproduktion aus: Arbok 1954-55, S. 55

176 Gläser („Vasi in vetro a filigrana e a mosaico multicolore"); Reproduktion aus: Domus 305/1955, S. 52

177 Gläser („Canne / rosso-verde-pagliesco-bluino / cyclamino-zaffiro-bluino, dto.-ritorto"), Venini / Murano; Reproduktion aus: Warnecke 1965, S. 72

178 Gläser („Bicchieri in vetro soffiato a canne e a filigrana di vari colori"), Venini / Murano; Reproduktion aus: Nicodemi 1955, Taf. 131

179 Gläser, Venini /Murano, Reproduktion aus: Verres, S. 53

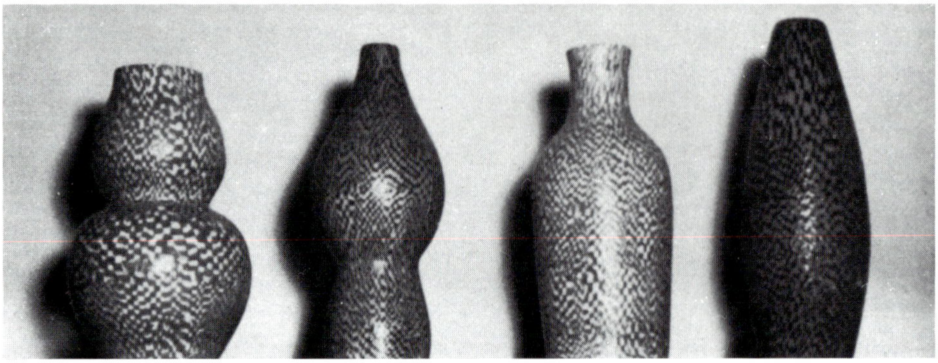

180 Gläser („Nuove murrine di Venini, nei toni giallo e verde"), Reproduktion aus: Domus 289/1953, S. 71

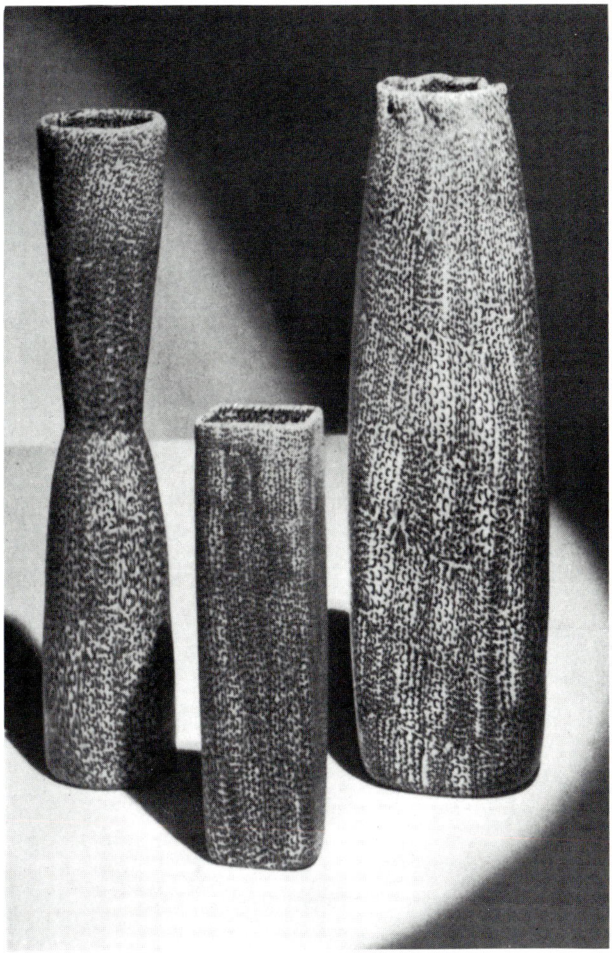

181 Gläser („Vasi in vetro soffiato murrina, colore grigio lilla"), Venini / Murano; Reproduktion aus: Nicodemi 1955, Taf. 18

182 Gläser („Vasi a pennellate“, 1953, „Vasi a pennellate“, 1948), Vase („in vetro pezzato, 1954“) und Vase („a spicchi, 1956“), Venini / Murano; Reproduktion aus: Domus 361/1959, S. 42

183 Gläser („Pezzati"), Venini / Murano; Reproduktion aus: Warnecke 1965, S. 75 (identische Abbildung in: Venini 1957, Nr. 57 und 54)

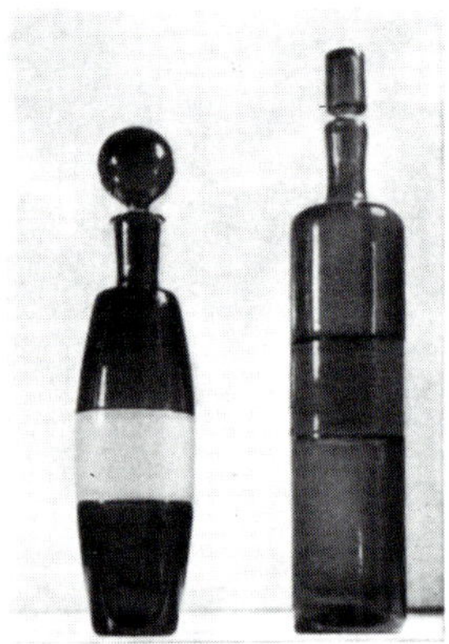

184 Gläser („Vasi e bottiglie, 1959"), und Gläser nach Entwurf von Gio Ponti („bottiglie su disegno di Gio Ponti, 1948-1949"), Venini / Murano; Reproduktion aus: Domus 361/1959, nach S. 40

Venini vasi
Venini lampade

Sotto, le lampade di Venini nel negozio Olivetti a New York, progettato da Belgiojoso, Peressutti e Rogers, arch.tti: sono in vetro colorato soffiato, di 25 cm. di diametro e 60 di altezza, la massima misura soffiabile; la forma conica del vetro esprime e segue quella del cono di luce diretto sugli oggetti esposti.

Vasi e coppe in vetro colorato a strisce in blu e rosso.

Il nome di Venini, in Europa stabilmente affermato, specie nei paesi scandinavi, dove Venini ha tenuto più di una esposizione, sta ora prendendo un particolare rilievo negli Stati Uniti.
La fantasia di Venini aveva già fatto un ingresso singolare a New York con le grandi lampade in vetro colorato soffiato del negozio Olivetti, di Belgiojoso, Peressutti e Rogers, altro singolare episodio italiano in quella città: ora Venini tiene a New York una mostra dei suoi ultimi pezzi, che illustreremo in un prossimo numero. Qui presentiamo alcuni vasi e anche una produzione totalmente nuova di Venini: lampade in vetro per la serie. Sono molto semplici nella forma e preziose nella materia e nei colori. Sono bellissime. Con esse Venini vuol dimostrare come gli artigiani italiani maestri nel vetro sappiano arrivare alle semplificazioni ed esattezze della serie senza rinunciare alla qualità dei colori, alla preziosità della filigrana. La comparsa di queste lampade sul mercato ai prezzi della produzione di serie è un avvenimento di grande interesse.

185 „Venini vase, Venini lampade“, Venini / Murano; Reproduktion aus: Domus 314/1956, S. 45

186 Gläser („Bottiglie, 1956; vetro a fasce ritorte; bicchieri, 1955"), Venini / Murano; Reproduktion aus: Domus 361/1959, S. 41

187 Gläser („Fascie – Canne"), Venini / Murano; Reproduktion aus: Warnecke 1965, S. 74

188 Gläser, Seguso Vetri d'Arte (Entwurf Flavio Poli); Reproduktion aus: Arbok 1954-1955, S. 60

189 Gläser, Seguso Vetri d'Arte /Murano (Entwurf Flavio Poli); Reproduktion aus: Verres, S. 29

190 Gläser, Seguso Vetri d'Arte / Murano (Entwurf Flavio Poli); Reproduktion aus: Arbok 1953, S. 95

191 Vasen („Valve in vetro soffiato nei colori smeraldo e topazio, grigio e rosa, ametista e topazio"), Seguso Vetri d'Arte / Murano (Entwurf: Flavio Poli); Reproduktion aus: Nicodemi 1955, Taf. 2

192 Gläser, Seguso Vetri d'Arte /Murano (Entwurf Flavio Poli); Reproduktion aus: Domus 353/1956, S. 27

193 Gläser, Seguso Vetri d'Arte / Murano (Entwurf Flavio Poli); Reproduktion aus: Arbok 1954-55, S. 59

foto Casali-Domus

Alla XI Triennale

allestimento per i vetri
Ettore Sottsass, arch.

Nell'allestimento per l'esposizione dei vetri italiani, il progettista si è soprattutto preoccupato di creare un'atmosfera di luce bianca e diffusa nella quale i colori dei vetri potessero raggiungere il loro massimo di intensità.
Perciò ha pensato che la luce venisse dalle pareti stesse, e si rifrangesse e moltiplicasse su gruppi di colonne rivestite di carta d'argento. Le colonne qui hanno perso ogni senso strutturale per diventare superfici luminose: anche i tralicci delle pareti non hanno significato strutturale, ma valgono soltanto come gioco grafico a delimitare gli spazi nei quali sono inseriti i singoli vetri.

194 Gläser von der XI. Triennale Mailand, Seguso Vetri d'Arte / Murano (Entwurf Flavio Poli); Reproduktion aus: Domus 338/1958, S. 43

195 Gläser, Ferro Lazzarini /Murano, Reproduktion aus: Verres, S. 36

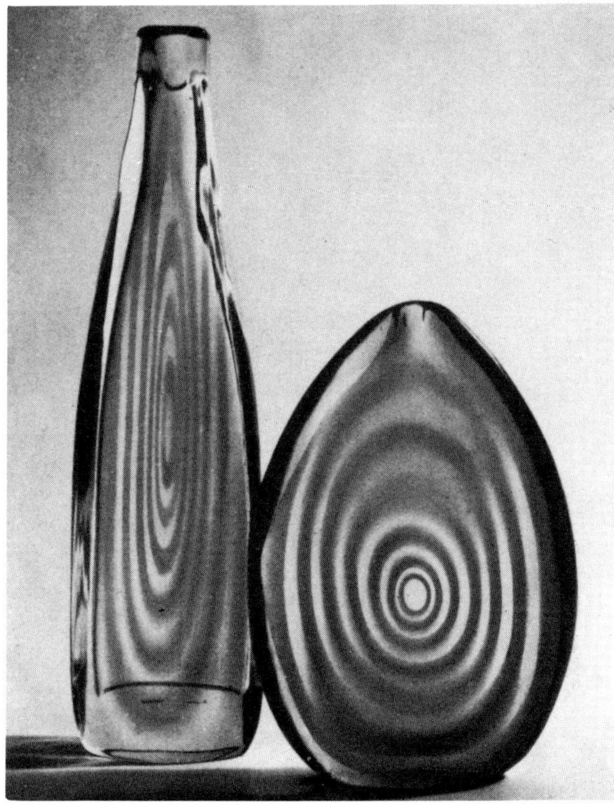

196 Gläser („Vetri astrali"), Seguso Vetri d'Arte / Murano (Entwurf Flavio Poli), 1952; Reproduktion aus: Verres, S. 46 (identische Abbildung: Gasparetto 1958, Abb. 171, sowie Mariacher 1954, S. 173, Abb. 184)

197 Gläser („Battuti – rosato, verdognolo, bluino"), Venini / Murano; Reproduktion aus: Warnecke 1965, S. 73

198 Gläser („Incisi – corniola, acqua, notte"), Venini / Murano; Reproduktion aus: Warnecke 1965, S. 73

199 Gläser („Vetri da tavola"), Salviati / Venedig; Reproduktion aus: Katalog der 30. Biennale von Venedig, 1960, Abb. 220

200 Gläser, Nason & Moretti / Murano, Reproduktion aus: Verres, S. 56

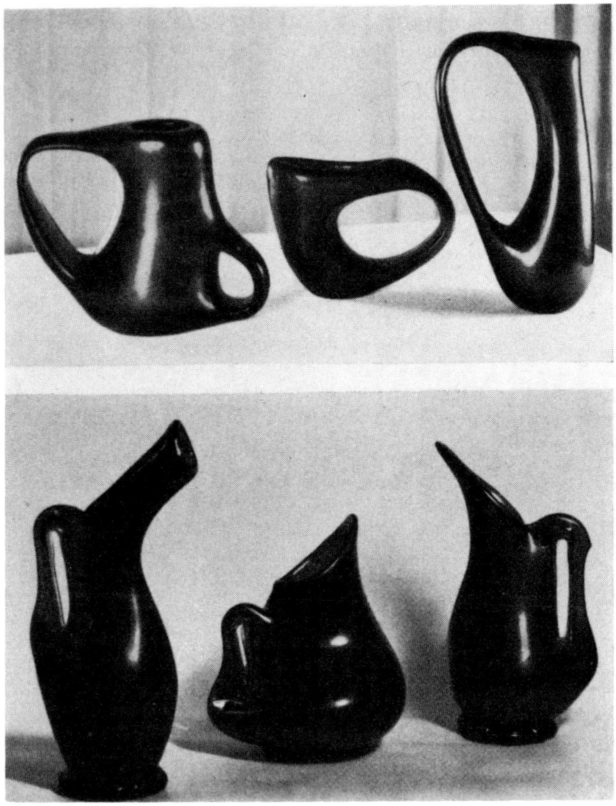

201 Gläser von AVEM /Murano (oben) sowie Barovier & Toso / Murano (unten); Reproduktion aus: Verres, S. 40

202 Gläser, Vetreria Etrusca / Empoli, Reproduktion aus: Verres, S. 71

203 Gläser, Vetreria Etrusca / Empoli; Reproduktion aus: Verres, S. 57

204 Luster, Majo & Pavanello / Murano; Reproduktion aus: Verres, S. 89

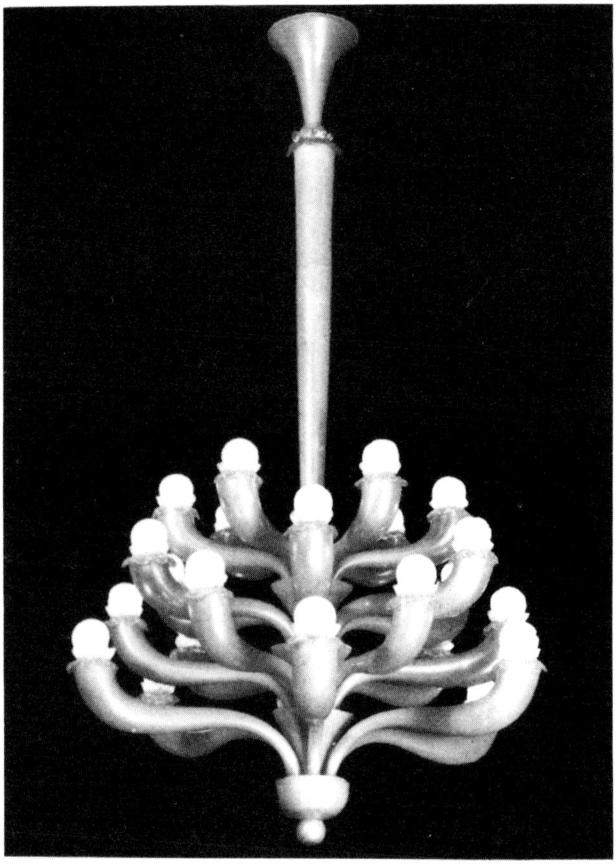

205 Luster, Archimede Seguso / Murano, Reproduktion aus: Verres, S. 82

206 Inserate von AVEM / Murano bzw. Mazzega / Murano; Reproduktion aus: Katalog der 27. Biennale von Venedig 1954, Inseratenteil, unpag.

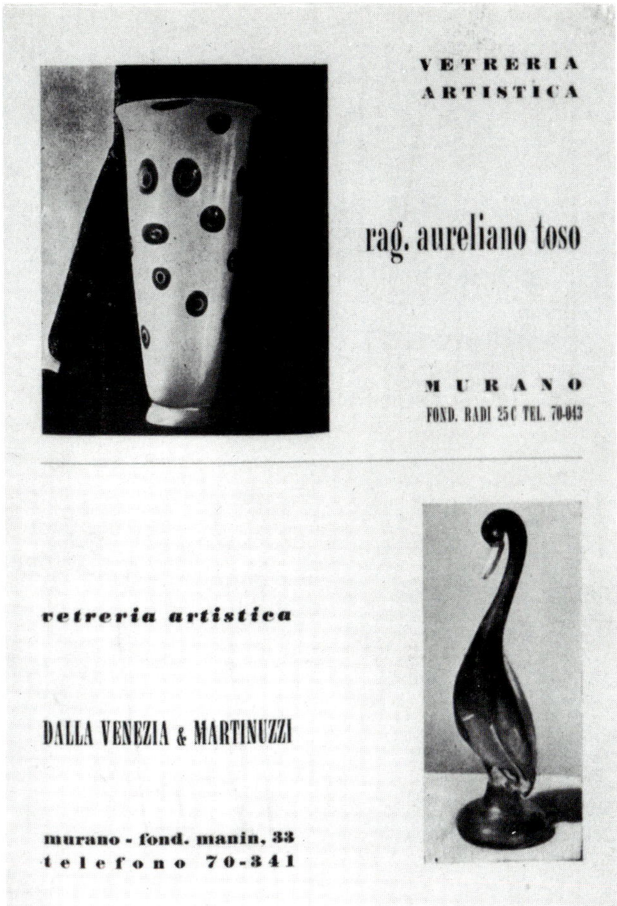

207 Inserate von Aureliano Toso / Murano bzw. Dalla Venezia & Martinuzzi / Murano; Reproduktion aus: Katalog der 27. Biennale von Venedig 1954, Inseratenteil, unpag.

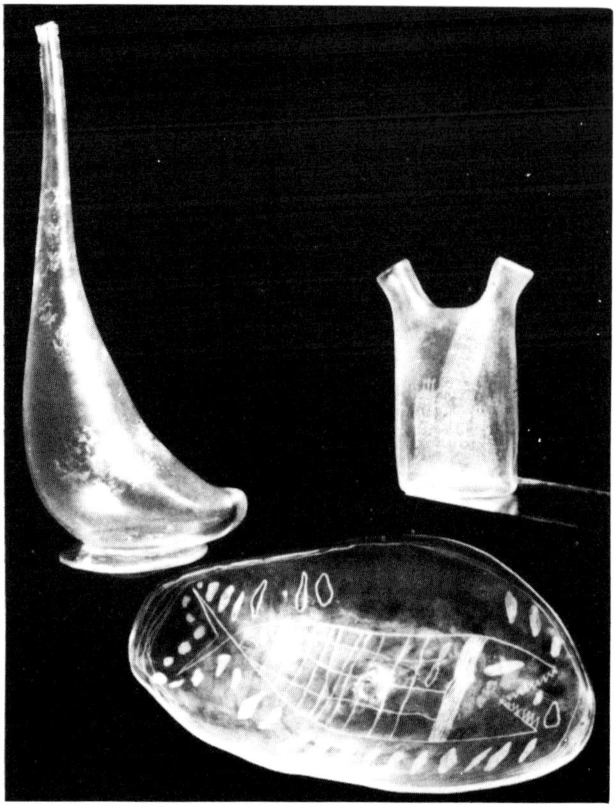

208 Gläser, SALIR / Murano, 1951, Entwurf (oben): Riccardo Licata, Serena Dal Maschio, Entwurf (unten): Serena Dal Maschio; Reproduktion aus: Verres, S. 45 (identische Abbildung: Gasparetto 1958, S. 170: „Vetri incisi: in alto, a diamante, in basso, a ruota")

209 Stiere („Bisonti colore grigio tendente al giallo, corroso a fuoco, plasticato"); Entwurf und Ausführung: Alfredo Barbini, Murano; Reproduktion aus: Nicodemi 1955, Taf. 60

210 Vasen („Vasi milleocchi"), Entwurf Vinicio Vianello, Ausführung SALIR / Murano; Reproduktion aus: Domus 299/1954, S. 57

211 Vasen („Vasi atomici"), Entwurf Vinicio Vianello, 1954; Reproduktion aus: Gasparetto 1958, Abb. 184

212 Vasen („Vasi incisi milleocchi"), Entwurf Vinicio Vianello, Ausführung SALIR / Murano, 1954; Reproduktion aus: Gasparetto 1958, Abb. 183

213 Gläser („Vetri jonici"), Barovier & Toso / Murano; Reproduktion aus: Katalog der 30. Biennale von Venedig, 1960, Abb. 218

214 Gläser nach Entwurf von Fulvio Bianconi; Reproduktion aus: Domus 347/1958, S. 39

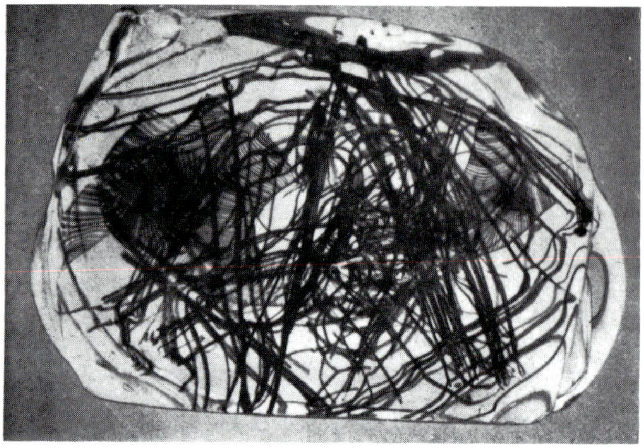

215 Glasblock („Blocco di vetro astratto"), Gino Cenedese / Murano (Entwurf R. Licata 1952); Reproduktion aus: Gasparetto 1958, Abb. 177

216 „Acquario astratto" („vetro sommerso"), Entwurf und Ausführung: Gino Cenedese / Murano; Reproduktion aus: Nicodemi 1955, Taf. 66

217 „Fantasia" („vetro sommerso"), Entwurf und Ausführung: Gino Cenedese / Murano; Reproduktion aus: Verres, S. 41 (vergleichbare Abbildung: Nicodemi 1955, Taf. 66)

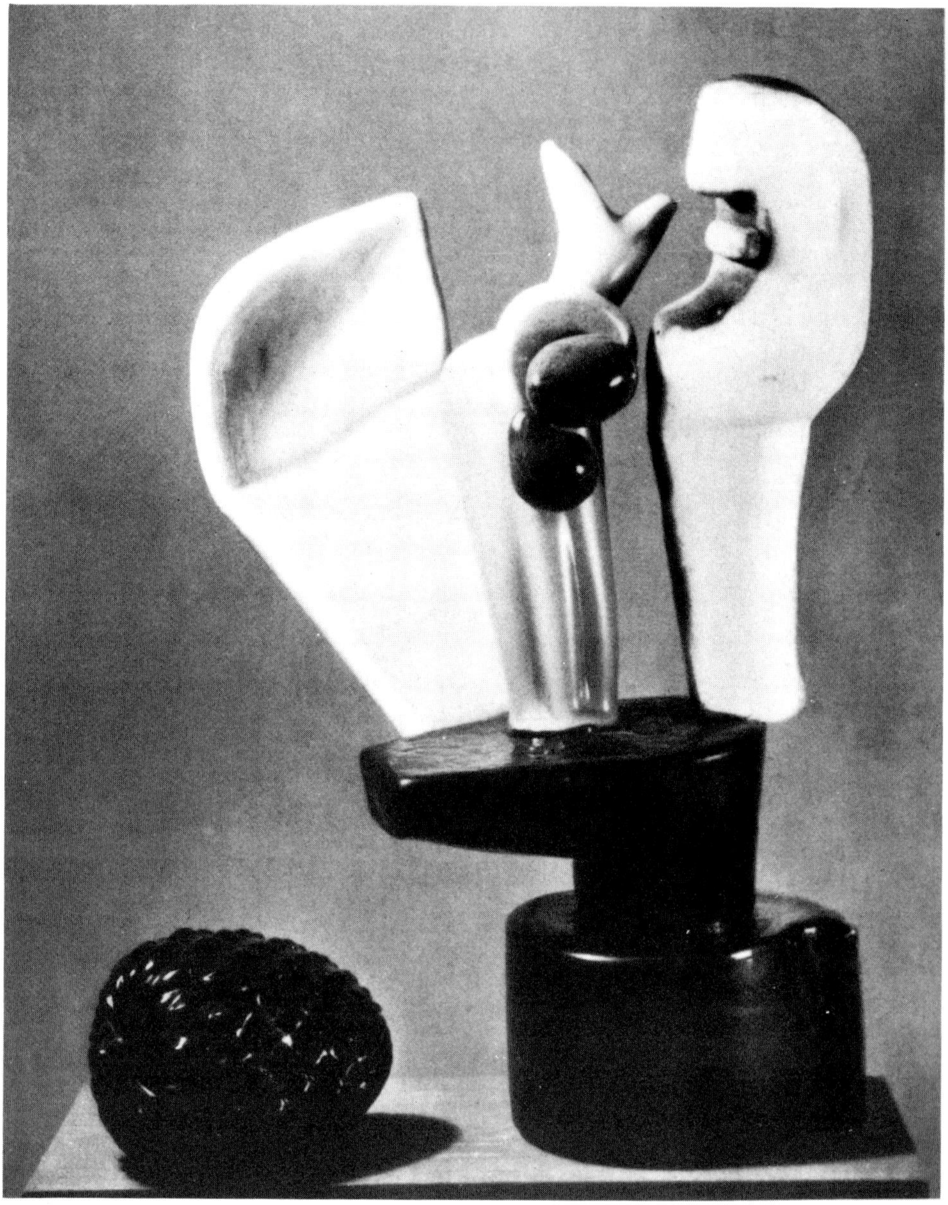

218 „Armonie architettoniche" („vetro soffiato"), Entwurf Le Corbusier; Ausführung: Albino Carrara (Ferro e Lazzarini /Murano); Reproduktion aus: Nicodemi 1955, Taf. 157

219 „Il Burlesco" („vetro soffiato"), Entwurf: Pablo Picasso, Ausführung: Aldo Bon (Aureliano Toso / Murano); Reproduktion aus: Nicodemi 1955, Taf. 155

NAMENSREGISTER

INDEX OF NAMES

TABLE DES MATIERES

INDICE DEI NOMI